Desenterrar a Dios

Fray Josep Manuel Vallejo

Desenterrar a Dios

Guía de ejercicios espirituales

Paulinas

Imagen de cubierta: Ross Bucher.
Diseño de cubierta y maquetación: Alba C. V.

© PAULINAS 2026
Carril del Conde, 62 - 28043 Madrid
Tel.: 91 721 89 84 - Fax: 91 759 02 04
E-mail: editorial@paulinas.es
www.paulinas.es

© Fray Josep Manuel Vallejo

ISBN: 978-84-19408-69-3
Depósito Legal: M-7968-2026

Impreso por Gar.Vi. 28970 Humanes (Madrid)
Printed in Spain. Impreso en España

A las hermanas de la Pureza de María
A mi amigo y hermano Álvaro

Agradecimientos

En primer lugar, mi agradecimiento a las hermanas de la Pureza de María por la transcripción del texto y a la hermana Begoña Fornes por la revisión del mismo. En segundo lugar, a mis hermanos capuchinos que, en la persona del provincial, Eduard Rey, me sugirió la publicación. En tercer lugar, mi profundo agradecimiento a fray Jacint Duran, que me inició en la espiritualidad franciscana y al padre Josep Maria Rambla, que me enseñó la mistagogía de los Ejercicios Espirituales de san Ignacio. A ambos les agradezco la lectura del texto y sus valiosas sugerencias.

Prólogo

Fray Josep Manuel Vallejo es fraile capuchino y un muy buen amigo. Cada año dedica buena parte del verano a dar ejercicios espirituales, sobre todo en la ermita de Sant Martí del Montnegre. En sus introducciones a la oración se nota la influencia de san Ignacio, muy trabajada, así como la de san Francisco de Asís, referente constante de su espiritualidad. También bebe en abundancia de la gran tradición espiritual cristiana (monástica, teresiana...). La suya es una aportación nacida de la experiencia, asimilada y reflexionada. Su actividad pastoral se concreta en conferencias, retiros y cursos, entre los que destaca el curso de espiritualidad franciscana en la Facultad de Teología de Cataluña. Hace años que es director de la revista *Catalunya Franciscana*.

Para él, la finalidad de todo este trabajo no consiste solo en un ejercicio intelectual sino en el intento de despertar a la experiencia cristiana, despertar la fe que anida adormecida en los corazones. El acompañamiento espiritual

9

es el corazón de su aportación, tanto en el tú a tú como en el acompañamiento de grupos de fe.

Lo que intenta fray Josep Manuel con su ministerio es desenterrar a Dios de los corazones, así como les ocurrió a los franciscanos con el cuerpo de san Francisco que, tras haberlo enterrado rápidamente en la basílica de Asís, por miedo a que alguien robase aquella preciada reliquia, con el tiempo, se perdió la memoria del lugar. Siglos más tarde, en el año 1818, el papa Pío VII permitió que excavaran en la iglesia para buscar el cuerpo y lo encontraron en la basílica inferior, bajo el altar mayor.

Es lo que hemos hecho con Dios: lo hemos enterrado y no nos acordamos de dónde lo hemos puesto. Ha desaparecido de las conversaciones, de las preocupaciones. Dios yace enterrado lejos de nuestros intereses y vivencias.

La finalidad de los ejercicios espirituales es desenterrarlo, hacer que nos demos cuenta de que está dentro de nosotros, como olvidado, deseando salir. San Francisco es un maestro en este arte, también san Ignacio y tantos otros que nos acompañan en el camino.

Agradecemos a fray Josep Manuel todo este material que nos puede ayudar a contactar de nuevo con Dios, y a experimentar íntimamente su paz y su alegría.

Jacint Duran

Introducción

Los textos que siguen son las introducciones a la oración de ocho días de ejercicios espirituales celebrados en Monte Alberta (Ullastrell) en septiembre del 2012, con las novicias de las Religiosas de la Pureza de María.

Fueron amablemente transcritos por las hermanas y, posteriormente, revisados y ampliados por el autor, por eso conservan el tono coloquial propio de la expresión oral.

Se pueden utilizar para la oración personal o para el retiro de unos días. Los textos no son para leer seguidos, sino para meditar y contemplar poco a poco.

Cada capítulo está pensado para dos horas de oración y los textos bíblicos que se sugieren son para escoger y no para meditarlos todos, según aquel dicho de san Ignacio de Loyola: *«no el mucho saber (leer) harta y satisface el alma, sino el sentir y gustar de las cosas internamente»* (EE 2).

Previos

«De noche, iremos de noche que, para encontrar la fuente,
solo la sed nos alumbra, solo la sed nos alumbra»

Luis Rosales

Según san Juan de la Cruz, para llegar a la fuente de agua viva que es Cristo, solo la sed nos guía. Es una manera muy gráfica de decir que únicamente el deseo profundo de mi corazón me lleva a Cristo, fuente de agua viva, porque estamos creados a imagen y semejanza de Dios, y solo nos realizamos en comunión con Él.

Por eso, lo importante en la vida espiritual y en la oración es jerarquizar deseos, ver cuál es mi deseo verdadero, profundo. Es lo que les pregunta Jesús a los discípulos de Juan: «*¿Qué buscáis?*» (Jn 1,35). Y ésta es una buena pregunta también para nosotros: «¿Qué quiero de verdad? ¿Qué busco? ¿Qué deseo en lo más profundo de mi corazón?». Recordad que el quid de los ejercicios y de los momentos en que oramos es discernir las mociones internas, lo que es del Espíritu Santo y lo que no. Es decir, estar atentos, escuchar, sentir y sopesar, porque no todo lo que ocurre en mi corazón son palabras venidas del Espíritu Santo. Se trata de escuchar, experimentar, sentir y distinguir.

Al quedarnos en silencio aparecen muchos ruidos, los ruidos no se apagan, no se acallan con nuestra voluntad. Los ruidos y los pensamientos negativos se acallan con la Palabra del Señor. No se trata de sacar de nosotros los miedos, deseos y pensamientos que aparecen cuando nos quedamos en silencio, sino que se trata de dejar que la Palabra del Señor me llene, se mezcle con mi yo, a la manera como nos relacionamos los amigos. ¿Verdad que cuando queremos a alguien e intimamos con él su yo se mezcla con el mío? Cuando quiero a alguien, ese alguien forma parte de mí. Pues ésta es la forma de rezar con la Palabra, ver cómo Jesús nos habla a través del Evangelio y ver como mezclándose su Palabra, su Ser con mi ser, así es como me pacifico, encuentro reposo y bienestar y se expulsan mis pensamientos negativos. La oscuridad no se puede sacar de una estancia, hay que poner la luz para desvanecerla.

El reposo que más necesitamos no se obtiene en el sofá o «desconectando», se consigue conectándose a Jesús: «*Venid a mí los que estáis cansados y agobiados...*

14

Haceos discípulos míos y hallaréis el descanso que tanto deseáis...» (Mt 11,28).

San Agustín lo dice de una manera muy bella: «Nos hiciste, Señor, para ti, y nuestro corazón no descansa hasta que descanse en Ti» (Confesiones 1,1).

No olvidéis que no se descansa descansando, sino que se descansa amando, a la manera de Jesús (santa Teresa de Jesús).

La oración es relación íntima, personal con Jesús. Vamos a pasar unos días de intimidad con Jesús en los que se nos invita a volver a enamorarnos de Él, de sus gestos y palabras. Un conocimiento interno, experiencial, vivido, no simplemente sabido o leído. Saber, sabemos muchas cosas de Jesús, ahora se trata de que experimentemos la relación con Él. Experimentar, sentir, gustar... Veréis que, en la medida en que me relaciono a fondo con Jesús, yo soy más yo mismo. Yo no soy más yo cuando me afirmo personalmente, o cuando quiero ser yo, sino que soy más yo, en la medida en que me relaciono con Jesús. Y cuando va bien mi relación con Jesús, funciona bien mi relación con los demás, porque yo soy relación conmigo mismo, relación con Jesús y relación con los demás a imagen de la Trinidad. Por tanto, la clave de todo es mi relación sincera, verdadera, íntima y total con Jesús, como la Vid y los sarmientos (Jn 15).

15

La oración y los ejercicios también son fuente de verdad. Hay que dejar que el Espíritu de Cristo, que es Espíritu de verdad, ilumine mis oscuridades y me ponga ante mi verdad. Se trata de no engañarnos.

Esta relación que establecemos personalmente con Jesús, a través de su Palabra, me producirá mociones, que son los toques del Espíritu Santo. Pueden venir directamente, sin causa previa, sin que se esté haciendo una actividad piadosa, como le ocurrió a san Pablo camino de Damasco (cf. He 22,1-21) o como le pasó a san Francisco, volviendo de una fiesta con sus amigos (TC 7)[1]. Pero la manera normal de llegar el Espíritu a nosotros es a través de la lectura orante de la Palabra de Dios, como la samaritana con Jesús (Jn 4) o como María a los pies del Maestro (Lc 10,38). El Espíritu Santo y Jesús van siempre juntos.

Hay que saborear y dejar constancia de los toques del Espíritu Santo que vamos a recibir estos días. Por eso, es bueno que tengamos una libreta para registrar aquello que vibra en nuestro interior, aquello que resuena, porque ahí donde tenemos consolaciones o desolaciones se nos indica cómo y dónde resuena mi corazón.

---

1. «De repente le visitó el Señor, y su corazón quedó tan lleno de dulzura que no se podía ni mover, como petrificado» (Leyenda de los Tres Compañeros 7).

Si yo hallo un texto que me consuela mucho, que me fascina, me habla de mi vocación, de cómo soy yo. Y aquellos textos donde chirría mi corazón, donde hay algo que pincha o que pellizca ¿qué me están indicando? Que hay algo, una impureza en mi corazón que no resuena bien con el contenido de aquel texto. Por lo tanto, me interesa constatar tanto lo que resuena bien en mí como lo que chirría y resuena mal. Las acciones del Espíritu Santo, generalmente, son de bienestar, de paz, de serenidad, pero no siempre serán agradables si mi corazón está impuro. La acción del Espíritu, que es sanidad, será pincharme para que mi corazón cambie. Si tengo un corazón egoísta, que solo se mira a sí mismo, que está siempre pensando mal de los demás, el Espíritu no me va a decir: «Adelante, adelante». No, el Espíritu a través de la Palabra, me va a pinchar, me va a crear mala conciencia, van a chirriar la verdad y belleza de los textos en mi corazón impuro. Luego el Espíritu Santo no siempre me va a dar paz y gozo espiritual, depende de cómo esté mi corazón. Me interesan aquellos textos o pensamientos que me hacen daño o que me pinchan porque me indican un aspecto de mi corazón que no está puro, que no sintoniza con los sentimientos de Jesús.

Estas mociones, esto que ocurre en la oración, que me da paz o alegría o inquietud, es la materia del acompañamiento. Lo que me ocurre a lo largo del día, especialmente

17

en la oración, o si no ocurre nada, también es importante hablarlo con el acompañante[2].

Lo más importante de los ejercicios son las ganas de encontrarse de verdad con Jesús. Si tenéis verdaderos deseos, os vais a encontrar con Jesús. Hay que entrar con el corazón abierto, dispuesto a escuchar, dispuesto a acoger, dispuesto a la sorpresa. Éste es un paso previo para encontrarse con Jesús y dejarle hacer, porque la oración no es cuestión de hacer cosas, sino de dejarse hacer. Pedro, cuando Jesús le lava los pies, dice: «*No, a mí no, ¿tú me vas a lavar a mí?*». Y, ¿qué le dice Jesús?: «*Si no te lavo los pies no tienes parte conmigo*» (cf. Jn 13,1-15). Por tanto, el discípulo verdadero es el que se deja lavar los pies por Jesús, se deja amar, se deja transformar. Después de haber tenido esta experiencia con Jesús, vendrán las obras, pero en un segundo momento, como agradecimiento a lo mucho recibido.

En resumen: un gran deseo y muchas ganas son garantía de que nos vayan bien los ejercicios. También es importante el deseo de saber la verdad sobre mí, no tener miedo. Normalmente, es un poco humillante, por eso la ocultamos tanto y la escondemos, porque somos así, muy débiles y muy frágiles. No tengamos miedo de descubrir

---

2. El acompañante espiritual es la persona de experiencia que yo escojo, para verbalizarle los movimientos internos de mi oración y de mi vida cristiana.

18

nuestra verdad y la verdad que Cristo nos haga descubrir mediante su Palabra y dejemos que Él mismo y su Espíritu nos penetren, nos iluminen, y nos transformen.

Los ejercicios no son para sufrir ni para pasarlo mal. El objetivo es gustar el placer mayor, como san Agustín, que llegó a Cristo a través del placer, tanto a nivel afectivo como filosófico. Para san Agustín, la verdad es la felicidad, ahí donde se encuentra la máxima felicidad, allí está la verdad. Era pagano, primero estuvo con los maniqueos, y no le convenció, después conoció a los neoplatónicos y ya le parecieron mucho más espirituales y, al final, tampoco le convenció. Entonces conoció a san Ambrosio, y con él conoció a Jesucristo y al cristianismo. El placer mayor se lo daba el cristianismo y por eso se hizo cristiano.

En el nivel afectivo tuvo una vida desordenada, se juntó con una mujer y tuvo un hijo. Pasó de esos placeres mundanos, que son agradables, al placer mayor de la amistad, un amor mucho más espiritual, mucho más bello; y de ese placer, pasó al de la comunidad filosófica con los amigos; y después conoció el placer del amor de Dios, que excedía al placer del amor humano. San Agustín es el hombre de la búsqueda del placer mayor.

La vida cristiana es eso, y la renuncia solo viene cuando has encontrado el tesoro (Mt 13,44). Estos días de ejercicios vamos a experimentar muchas cosas. Experimentadlo todo, sin miedo, y quedaos con el placer mayor, con aquello que da más gusto espiritual. Así es como se crece en la vida cristiana, y os aseguro que el placer mayor os lo va a dar Cristo con sus mociones interiores y sus palabras. Y os lo va a dar sobreabundantemente. No olvidéis este criterio que es fundamental en el discernimiento, probadlo todo y quedaos con lo mejor. Los cristianos adultos ya no tenemos que distinguir lo bueno de lo malo; tenemos que distinguir lo bueno de lo mejor y quedarnos con lo mejor.

Otro pequeño consejo: todos tenemos inquietudes, problemas, preocupaciones familiares o de cualquier otro tipo. Por favor, en estos días, posponedlas. No para siempre, solo durante los días de ejercicios. No penséis en vuestros problemas, dejadlos en casa, dedicaos solo a Jesús. ¿Por qué? Porque si empezáis el primer día a rezar con vuestros problemas, lo vais a hacer con una mirada que no es nítida, porque está teñida de vuestros sentimientos heridos, y lo vais a ver todo teñido con vuestra mirada. Dejad que en estos días el Señor os esponje el corazón, os ilumine un poco la mirada, y os haga ver como Él. A partir del último día podéis retomar vuestros problemas, pero ya los veréis con otra mirada. No vais a cambiar la realidad, pero sí vuestra mirada, porque el gran problema de la vida cristiana es que no vemos bien. Uno de los objetivos fundamentales de los ejercicios es transformar nuestra manera de sentir y de mirar. Jesús mira de una manera muy diferente a como lo hago yo y su corazón vibra de forma muy diferente, con un estremecimiento de compasión, por eso ve mucho mejor que nosotros. Si no sintonizamos con los sentimientos de Jesús, no veremos bien (Flp 2).

Otro aspecto es que el pecado, la vida incorrecta nos embota la sensibilidad, nos impide vibrar. El objetivo del cristiano adulto y vivo es que vibre su corazón, que tenga sensibilidad. Jesús vibraba muchísimo, ante los pobres sentía una gran compasión, se extasiaba con el paisaje, se emocionaba con los niños, se conmovía por el sufrimiento de la gente... Jesús es un hombre vivo que tiene la sensibilidad muy sana. Nosotros, por nuestros actos, por el pecado, tenemos la sensibilidad embotada, no vemos bien.

Por último y más importante, aunque sea una paradoja: la oración no depende de nosotros, es un don que hay que mendigar. Pablo, en la carta a los Romanos nos lo dice: «*nosotros no sabemos orar como conviene; más el Espíritu Santo intercede por nosotros con gemidos inefables*» (Rm 8,26). La oración hay que suplicarla y quien reza en nosotros es el Espíritu Santo de Jesús. Nosotros podemos predisponernos, hacer los ejercicios, seguir el horario, tener diligencia en la oración pero, sobre todo, debemos esperar con paciencia y perseverancia a que el

Señor venga, como el centinela que espera la aurora (cf. Habacuc 3).

La tentación más grande en la oración es desesperar, cansarse de esperar y no perseverar. En la oración hay que ser como la viuda pesada del Evangelio (cf. Lc 18,1). Lo dice Jesús: hay que ser pesados, insistir. Él sabe que esto nos conviene y se atrasa en concedernos lo que le pedimos para que aprendamos a pedir, para que reconozcamos que somos pobres. Perseverar en la oración es la ley universal de todos los orantes, sabiendo que la aurora vendrá, y cuando venga, ya no desearéis nada más. La dulzura del Espíritu, el gozo y la caricia que nos hace experimentar es fascinante, por eso vale la pena esperar.

Para empezar a orar conviene descalzarse, como Moisés (cf. Ex 3), estamos ante Dios, ante lo sagrado. Buscar un poco de recogimiento, de devoción es bueno antes de leer el texto.

Como materia de oración para hoy, os recomiendo:

- **Salmo 23 (22)**, «*El Señor es mi pastor, nada me falta...*». Un salmo en el que todo son dones del Señor. Se preocupa de mi alimento, del descanso, de invitarme a la mesa y servirme... Somos huéspedes del Señor. Lo único que desea es que estemos bien.

- **Salmo 63 (62)**, «*Todo yo tengo deseo de Ti, mi corazón se desvive, como tierra reseca, agostada, sin*

22

agua». Este salmo anima el deseo de Dios, puede ser muy bonito para empezar la oración.

- **Salmo 139 (138)**, «*Tú me sondeas y me conoces».* Yo no sé lo que quiero, penetra mis secretos para saber lo que deseo de verdad.

- Si queréis algún texto para meditar lentamente, ya que la lectura orante es lenta, atenta y repetida, podéis coger **Romanos 8**, un texto fantástico del Espíritu. Explica que el Espíritu de Dios se junta a mi espíritu para que yo pueda exclamar: «Abbá, Padre». El fruto del Espíritu es que yo me sienta hijo amado del Padre. Nosotros no sabemos cómo rezar, pero el Espíritu Santo viene a nuestros corazones con gemidos inefables. Toda la creación está con dolores de parto a punto de dar a luz, la oración es como esos dolores de parto, estamos gimiendo para dar a luz la nueva criatura que nace en nosotros.

- Al empezar los ejercicios, también es interesante, meditar la **parábola del sembrador** y el comentario a la parábola **(Mt 13)**. Lo primordial para que la Palabra dé fruto es el terreno. ¿Cómo está el terreno de mi corazón? Si está duro, la palabra rebota; si está blando, pero no tiene fondo, raíz en sí mismo, se seca enseguida. Lo importante para la vida espiritual es tener raíz en el fondo de uno mismo, para que, si hay tempestad, no me afecte. Si yo arraigo mi vida en la superficialidad, cualquier viento o dificultad la va a secar. Si yo anclo mi vida en las aguas profundas de lo hondo de mí, donde está Dios, ya puede haber tempestad arriba, que yo estoy seguro. Esta es la segunda condición para dar fruto. La tercera son los cardos que ahogan, yo puedo tener hondura, pero dejarme ahogar la Palabra por las distracciones, disipaciones, diversiones, compensaciones afectivas…, si me dejo llevar por esas cosas, ahogan la Palabra. ¿Dónde da fruto? En la buena tierra, tierra esponjada. Hay que dejar que se me esponje el corazón para que penetre en mí la semilla de la Palabra y pueda germinar y dar fruto, treinta, sesenta, cien... cada uno según el terreno.

No hay que rezarlo todo. Esto es un menú y cada uno escoge lo que le va bien degustar.

El desierto

«Te voy a seducir, te llevaré al desierto y te hablaré al corazón y allí me responderás como en los días de tu juventud, como el día en que subía del país de Egipto y te desposaré conmigo para siempre. Te desposaré conmigo en justicia, en amor, en compasión, te desposaré conmigo en fidelidad y tú me conocerás»

Oseas 2,16

Estas palabras de Oseas nos invitan a ir al desierto. El desierto en la Biblia, sobre todo en los profetas, es el lugar de los amores de Dios con su pueblo. Por tanto, es el lugar donde Dios nos lleva para seducirnos, para enamorarnos y hablarnos al corazón. Vamos a vivir en estos días de ejercicios la experiencia del desierto que es el lugar privilegiado para el encuentro con Dios, en la soledad, en el silencio largo y prolongado.

Los grandes hombres de Israel estuvieron largo tiempo en el desierto antes de escuchar a Dios. La oración ha de ser larga, prolongada, para hacer la experiencia de Dios. En el desierto no hay nada, esa es la gracia, solo hay arena, piedras y el cielo. No me puedo distraer, no me puedo esconder, no puedo hablar con nadie. Por eso el desierto es el lugar privilegiado donde encontrar a Dios y oír su voz. Es el lugar donde tengo que enfrentarme con Dios y con la verdad de mí mismo. Por eso hay que evitar las distracciones y centrarnos en Dios, en su Palabra, en sus gestos.

Conviene alejarse de nuestro lugar normal de convivencia, apagar el móvil y distanciarse de las obligaciones cotidianas.

Para rezar no se necesita nada, el texto soy yo. Cuantas menos cosas mejor, menos comodidades, menos distracciones ¡y no cojáis libros! A veces los libros son una pantalla para mi relación con Dios. En todo caso, lo aconsejable es, si vamos a dedicar un ratito a la lectura espiritual, un solo libro y, si puede ser, una relectura de uno que hayáis leído hace tiempo. La relectura me ayuda a rememorar experiencias anteriores, me ayuda a recordar cómo era yo hace unos años, cuando lo leí por primera vez. La lógica del recuerdo y de la escucha atenta forman la gramática de los ejercicios.

El desierto es precioso, es magnífico y la soledad con Dios es fascinante. En ella, después de largo rato, podemos experimentar la presencia de Dios, su caricia suave, su dulzura, los «toques delicados» del Señor.

En la inmensidad del desierto y de la soledad resuena el *dabar* de Dios, su Palabra. Pero el *dabar* es más que la palabra, es la experiencia, la moción interior, el estremecimiento de su Presencia que luego traducimos en palabras. La experiencia profética siempre es experiencia del *dabar*, el acontecimiento de Dios en mi vida, la experiencia de Dios en la soledad que me forja por dentro, que me transforma.

Pero Dios, normalmente, no habla con palabras como las que oímos en la vida diaria, sino con mociones interiores del Espíritu Santo que experimentamos y que luego hay que aprender a interpretar.

Hoy nos van a acompañar dos grandes hombres del desierto que hicieron la experiencia del *dabar* de Dios, de su susurro suave. Dios habla bajito, por eso hay que callar. Se trata de Moisés y Elías que son los grandes personajes que hicieron experiencia de Dios en el desierto, en la montaña sagrada, el Horeb.

Moisés (Ex 3)

Moisés está pastoreando las ovejas de su suegro Jetró en el desierto, por tanto, pasa largas horas en soledad y en silencio. Y por eso se da cuenta de lo que ocurre. Cuando uno está distraído en la ciudad, con sus múltiples actividades, le pasan desapercibidas muchas cosas; cuando estamos quietos, en silencio y en soledad, percibimos mucho más: nos fijamos en las hormiguitas, en las mariposas, en el susurro del viento, en mi respiración, en el color de la luz... Y, sobre todo, en los movimientos interiores de mi corazón.

Moisés se fija en un acontecimiento extraño, una zarza que arde sin consumirse, ¡qué símbolo tan profundo del amor de Dios! Los iconos bizantinos pintan a la Virgen con una zarza ardiente en medio del corazón, símbolo de quien experimenta el amor de Dios como un fuego que arde y no se consume. Entonces Moisés se acerca a la zarza ardiente. ¿Y qué ocurre? Que Dios le dice: «¡*Descálzate, que la tierra que pisas es sagrada!*».

La primera actitud ante Dios es descalzarse porque estamos ante Alguien sagrado y descalzarse quiere decir despojarse de lo accesorio, despojarse de protecciones, ser uno mismo ante Dios. ¿Cómo le vamos a engañar? ¿Qué le vamos a ocultar? Por tanto, una primera actitud en la oración es descalzarse. Antes de ir al texto a meditar, busca la presencia de Dios, ponte en actitud de oración, busca sentir un poco de devoción antes de leer el texto... Es muy importante la entrada en la oración, que todo mi ser esté predispuesto a escuchar a Dios. «*Aquí estoy Señor*», dice Moisés. O, como dice Samuel: «*Habla, Señor, que tu siervo escucha*».

Y Dios le dice: «*Moisés, Moisés*», le llama por su nombre. El Dios de Israel es un Dios de personas, te

28

llama por tu nombre. Te conoce, sabe cómo eres, lo que deseas, tiene una relación personal contigo. Como el Buen Pastor, que conoce a las ovejas por su nombre (Jn 10).

Y Dios se revela a Moisés. Nuestro Dios es un Dios que se da a conocer, que nos regala su interior[3]. No hay nada más bello entre las personas que dar a conocer su intimidad, su interioridad. El Dios de Israel es un Dios de personas: «*Yo soy el Dios de Abrahán, de Isaac y de Jacob*». No es el Dios de la naturaleza, no es el Dios de la razón, no es el Dios relojero que hace el mundo y lo deja a su aire. El Dios de Israel es un Dios de personas con quien se relaciona íntimamente.

Y entonces Dios le dice a Moisés: «*He visto la aflicción de mi pueblo, he oído el clamor ante sus opresores y conozco sus sufrimientos*». Dios sufre con nuestro sufrimiento, no es un Dios impasible que está allí arriba y no se preocupa de nosotros. El Dios de la Biblia, el Dios de Israel es un Dios que tiene entrañas de misericordia, que se conmueve por los sufrimientos de su pueblo y por eso envía a Moisés a salvarlo: «*Yo te envío al faraón, yo te envío a Egipto para que liberes a mi pueblo*». El Dios de la Biblia es un Dios de libertad: donde hay esclavitud allí no está Dios, donde hay opresión allí no está Dios. Por

---

3. En la constitución Dei Verbum, del Concilio Vaticano II sobre la Revelación, se dice, de una forma muy bella: «Dios en su misericordia infinita ha querido revelarse a sí mismo» (DV2).

eso la libertad es uno de los signos fundamentales de la presencia de Dios y de su Espíritu. Dios nos hace libres. Lo primero que hace el Dios de Israel al manifestarse es liberar a su pueblo. Y cuando Moisés le pregunta: «¿Cuál es tu nombre *para cuando me pregunten los israelitas?*». Sabéis que conocer el nombre de alguien es poseerlo de alguna manera, dominarle. Y Dios esquiva la pregunta, porque a nuestro Dios no se le puede asir, no se le puede conocer del todo, no se le puede dominar. La respuesta que da es evasiva: «*Yo soy el que soy*». Pero esta frase también significa en hebreo: «yo soy el que seré cuando me manifieste liberando».

Moisés tiene otra gran experiencia mística en el desierto: **Ex 33,18**. Está en el Sinaí, y se dirige a Dios diciéndole: «*Muéstrame, por favor, tu gloria*», que yo pueda ver tu rostro, muéstrame tu rostro. Y Dios le dice de una manera muy bella: «*Mira, quien ve mi rostro no puede seguir viviendo, pero accederé a lo que me pides*». Dios es condescendiente, accede ante la petición de Moisés, pero le dice: «*Te esconderé en la grieta de la roca y yo pasaré toda mi gloria delante de ti, pero de espaldas, me verás de espaldas*», un texto precioso.

30

Elías (1Re 19)

Otro gran texto es el de Elías en la montaña del Horeb. Para entender bien la experiencia que tiene Elías en la montaña, hay que situar un poquito el contexto. Elías ha profetizado contra el rey Ajab, la reina Jezabel lo persigue, han asesinado a todos los profetas, Israel ha apostatado y se ha ido detrás de los ídolos paganos. Elías es el único profeta que queda. Huye al desierto, se deja caer en el suelo y dice: «*Ya estoy harto, Señor, quítame la vida, ya no puedo más*» y se duerme. Tiene ganas de desconectar.

Elías está en una situación de profunda depresión, de fracaso pastoral. Entonces, ante esta situación, Dios le envía un ángel que le trae pan y agua. Le despierta y le dice: «*Levántate y come, que el camino que has de hacer es demasiado largo para ti*». Dios no le hace mimos. Come y levántate, venga, que tienes que caminar. Cuando uno está deprimido no se le puede decir: «Ay pobrecito», sino, «Venga, ala, a correr». Pero le da el alimento. Fijaos qué símbolo tan bonito de la Eucaristía, un poco de agua, un poco de pan recién hecho. ¡Come para obtener fuerzas para el camino! ¿Y a dónde se dirige Elías? Al Horeb, a la montaña de Dios, a la cueva donde Dios se había revelado a Moisés, a las experiencias del inicio de nuestra vocación. Cuando estamos mal, ¿qué hay que hacer? Volver a los recuerdos del inicio de nuestra vocación, cuando Dios se nos hizo presente. Santa Teresa decía: «volver a los recuerdos de niña». Volver con el recuerdo a las experiencias inolvidables que tuvimos con Dios cuando éramos jóvenes.

Y Elías se dirige a la cueva donde Dios se le hizo presente a Moisés. Pero a Moisés en el Sinaí, Dios se le hizo presente con rayos, truenos, humaredas, terremotos... (Ex 19). La teofanía del Sinaí, antes de entregar los mandamientos, es de rayos y truenos. Aquí ya no. Han pasado cuatrocientos años y la espiritualidad de Israel se ha vuelto más fina, más profunda. Dios no se revela de golpe, se va revelando poquito a poco. A Moisés se le revela de esta manera porque el pueblo es joven todavía. Pero a Elías se le revela de manera más profunda, porque Dios no está en el terremoto, Dios no está en la tempestad, Dios no está en el relámpago ni en el trueno. Dios se manifiesta en el susurro de una brisa suave. El texto hebreo dice que Dios se manifiesta en el murmullo de un silencio sutil. La *música callada* de san Juan de la Cruz. Es una paradoja. Dios se manifiesta discretamente, por eso tenemos que vivir en gran silencio estos días para sentir la suavidad, la sutileza de Dios.

Pero fijaos en lo que os decía al inicio de apartar los problemas. Si leéis el texto desde el inicio, veréis que Elías se queja: los profetas han muerto, la reina me persigue, los israelitas han apostatado, el templo se ha destruido...

Después de la experiencia de la suavidad de Dios, vuelve a decir lo mismo con la misma frase, pero ¡qué diferente es la manera como Elías afronta su problemática después de la experiencia de Dios! Antes se quiere morir, después de la experiencia de Dios en la montaña, Elías tiene fuerza para enfrentarse a sus problemas con una nueva visión, con una nueva mirada, con un corazón renovado y con una valentía que antes no tenía. Los ejercicios son unos días para hacer esta experiencia y, a partir de ella, nuestra realidad cotidiana será muy distinta, la veremos diferente, la experimentaremos diferente, y tendremos más fuerza para afrontarla.

Aparte de estos dos grandes textos tenemos el de la lucha de Jacob con Dios: Gn 32,25ss. Aquí, de una manera muy plástica, se nos indica cómo la oración puede convertirse en una lucha con Dios en la noche, en una lucha con Alguien que no veo y que, hasta que no me hiera, no salgo vivificado. Es la paradoja de la vida del creyente: luchar con Dios en la soledad de la noche y dejarse herir por su amor. «*Como el ciervo huiste, habiéndome herido...*» dice san Juan de la Cruz.

Como plenitud de estos textos, podemos meditar la **Transfiguración de Jesús** (Mt 17,1ss; Lc 9,28ss; Mc 9,2ss). Allí están presentes Moisés y Elías, en la montaña, dentro de la nube de la Presencia de Dios... «*Que bien se está aquí!*» dice Pedro. ¡Qué bien se está con

33

Jesús, oyendo la voz del Padre: «*Este es mi hijo amado, ¡escuchadle!*». Esta es la experiencia a la que estamos llamados.

Creación

«Cuando contemplo el cielo, obra de tus dedos, la luna y
las estrellas que has creado, ¿Qué es el hombre para que te
acuerdes de él, el ser humano para darle poder?
Lo hiciste poco inferior a los ángeles, lo coronaste de
gloria y dignidad, le diste el mando sobre las obras de tus
manos, todo lo sometiste bajo sus pies.
Señor Dios nuestro, qué admirable es tu nombre
por toda la tierra»

Salmo 8

La primera experiencia que se tiene cuando te retiras a la
montaña o al desierto es la de la inmensidad y grandeza
de la obra del Señor. La segunda es la belleza y la intensi-
dad de la Creación. Como decía san Juan de la Cruz: «*Mil
gracias derramando pasó por estos sotos con presura y,
yéndolos mirando, con solo su figura vestidos los dejó de
hermosura*» (Cántico Espiritual, 5).

Dios ha pasado «mil gracias derramando» y ha vestido
de hermosura toda la tierra. Es un don, un regalo. Podía

35

no haber existido. Dios no tenía por qué crear el universo, estaba muy bien la Trinidad en su gloria y en su felicidad; pero por puro amor, por puro deseo de que existamos, de regalarnos el ser, de compartir su vida y su felicidad con nosotros, nos ha creado: para que participemos de su Vida, para invitarnos al Banquete de la Trinidad.

Os propongo hoy que contemplemos la Creación, el don inmenso que es la creación de la naturaleza, el don inmenso que somos nosotros mismos. Nosotros también podríamos no haber existido, somos un regalo de Dios. En primer lugar, nos haremos conscientes de la magnanimidad de Dios, de su generosidad infinita, y después le daremos gracias.

No escatimaremos tiempo en ser conscientes del amor de Dios, porque lo fundamental en la vida cristiana es darse cuenta de hasta qué punto nos ama. No solo saberlo, sino sentir la experiencia de su amor infinito, gratuito, impagable... Y solo a esta luz, podremos comprender nuestro estado de desemejanza, nuestro estado de pecado. Cuando Jesús realiza el milagro de la pesca sobreabundante (Lc 5,6), Pedro se acerca a Jesús, se arrodilla ante Él y dice: «*Apártate de mí, que soy un pecador*». ¿Qué pecado había cometido? Es que el sentimiento de pecado se experimenta de verdad cuando experimentamos la santidad de Jesús. Solo siendo conscientes de la santidad de Dios, de lo inmensamente santo, bueno y

36

generoso que es, podemos, por contraste, ver lo desemejantes, lo desagradecidos que somos. El discípulo no lo es nunca por imperativo, el discípulo lo es por fascinación, por enamoramiento, por agradecimiento del don recibido. Como María Magdalena que, curada por Jesús, solo podía devolverle el inmenso amor que había recibido. El amor verdadero tiene algo de exceso.

Os propongo profundizar en esta frase: «El hombre y toda la naturaleza han sido creados por amor, gratis». Aprovechad para hacer un paseo más largo que de costumbre. Y haceos sensibles al canto de los pajarillos, al viento que acaricia vuestro rostro, a los árboles, al murmullo del aire moviendo sus hojas, sentid el olor de las flores y el vuelo de las mariposas... Haceos conscientes de la inmensidad de las montañas, de la belleza del paisaje... ¡es precioso! Disfrutad con el don inmenso del banquete de la Creación. El hombre ha sido creado para disfrutar de la naturaleza, y a través de la belleza y bondad de la Creación, captar la mano del Artista Divino que la ha creado.

Os propongo rezar con el **Salmo 8** donde se da gracias sobre todo por el hombre, por existir y el **Salmo 19 (18)** donde la Creación habla de la gloria de Dios, en una lengua extraña pero real[4]. Contemplando la creación podemos intuir la belleza, la grandeza, la imaginación de su autor. Todo es un regalo inmenso, grandioso, gratuito de Dios, podía no existir.

El hombre y la mujer son la cima más alta de la creación. ¡Somos una maravilla!

En el **Salmo 139 (138)** se da gracias por el ser, por cómo es mi ser y por los dones que he recibido: «*Te doy gracias por haberme hecho tan admirable*». Todo lo nuestro es bueno, creado por Dios, el gran problema es el mal uso de la libertad, que hace que nos percibamos mal (Gn 3).

Textos para la oración

El primero es **Gn 1,1-2,4**. «*En el principio, Dios creó el cielo y la tierra*». El mundo no es divino ni eterno, es creación de Dios. La Creación es la ordenación del caos por obra del Espíritu y la Palabra. Dios separa la luz de las tinieblas, la tierra del agua… «*Y vio Dios que era bueno*». Y en la cima de la creación, Dios crea la pareja humana, «*hombre y mujer los creó, a imagen de Dios los creó*» … Y vio Dios que era muy bueno.

---

4. Màrius Torres tiene un poema inspirado en las montañas del lago de Sant Maurici, en el Pirineo, que dice así: «*... Les veus de la muntanya, en l'alta soledat, en una llengua estranya, parlen en nom de Déu*».

38

Nuestro corazón se parece a esta creación donde la Palabra y el Espíritu ordenan nuestro caos. Uno de los objetivos de los ejercicios es ordenar los afectos desordenados. Todas nuestras pasiones son buenas porque Dios las ha creado, pero están desordenadas por el egoísmo. Hemos de pedirle a Dios que, a través de su Palabra llena del Espíritu, ilumine y ponga orden en nuestros afectos.

El segundo texto es **Gn 2,4-25.** Dios quiere que Adán y Eva disfruten de todos los frutos del jardín excepto del fruto de uno: el árbol del conocimiento del bien y del mal, pues no podemos apropiarnos ni decidir todo lo que es bueno o lo que es malo para nosotros ya que somos criaturas y solo Dios lo sabe todo. Dios crea la naturaleza y el hombre del barro: somos naturaleza, venimos de lo orgánico. Pero tenemos espíritu, aliento divino que Dios ha soplado sobre nuestro rostro. El hombre y la mujer se encuentran en un jardín. Para el hombre de Palestina, rodeado de desierto, un jardín es algo idílico, por eso Dios introduce al hombre y a la mujer en el Edén, para que lo cuiden y sean felices. Que disfrutemos, eso quiere realmente Dios para nosotros. *«El hombre y la mujer estaban desnudos, pero no se avergonzaban uno del otro».*

Revelación

«Dios, en su infinita bondad y misericordia, ha querido revelarse Él mismo, con gestos y palabras íntimamente conexos... Y convive con los hombres y los invita a su mesa y habla con ellos como un amigo a su amigo»

Dei Verbum 2[5]

Dios no solo ha querido regalarnos la Creación para que disfrutemos, sino que ha querido revelarse a sí mismo, su intimidad, como hacen los amigos con sus amigos.

Dios habla en la Historia a través de los acontecimientos y habla a los patriarcas y profetas de forma personal. Nuestra fe es una fe histórica, encarnada, basada en la experiencia de personas de carne y hueso.

Toda la Historia de la Salvación (Abrahán, Moisés, David, los profetas, los sabios...) es la historia de la paulatina revelación de Dios que se ha dado poco a poco,

---

5. La constitución Dei Verbum es el documento del Concilio Vaticano II sobre la Revelación.

41

adaptándose a la mentalidad de su pueblo y educándolo (Dt 8). Con Abrahán nos enseñará a salir de nuestras seguridades y a confiar en Él (Gn 12), con Moisés conducirá al pueblo al desierto, para que madure y crezca (Ex 17); con Samuel nos enseñará a escuchar y discernir su Palabra (1S 3). Con los acontecimientos de la Historia irá corrigiendo poco a poco la teología de Israel, como cuando los filisteos roban el Arca de la Alianza, o muere el rey Josías en la batalla de Meggidó, cuando el pueblo se creía invencible llevando con ellos al Ungido del Señor. Lo que ocurre hace cambiar la teología. Los profetas criticarán fuertemente las injusticias con los pobres por parte de los reyes de Israel y el culto del Templo mal orientado: «*misericordia quiero y no sacrificios*» dirá Oseas, o «*estoy harto del humo de vuestras ofrendas*» dirá Dios por boca de Isaías. Y Jeremías dirá que los pecados de los padres no pasan a los hijos, sino que la retribución es personal

Y más tarde el libro de Job y Qohélet corregirán la teología sapiencial tradicional que decía: «Si te portas bien, todo te irá bien». La gran desgracia del Exilio de Babilonia purificará la religión de Israel, haciéndola pasar de una religión de ofrendas a Dios en el Templo para obtener su favor, a una religiosidad sincera, de pureza y autenticidad del corazón (Dn 3).

Toda esta larga Historia de Salvación culmina en Jesús, plenitud de la Revelación (Hb 1,1-4). Él es la palabra definitiva del Padre a la humanidad. Una Palabra encarnada que ha querido convivir con los hombres, experimentar todo lo humano y compartir su relación con el Padre con todos nosotros, como un amigo, como un hermano.

Jesús también corregirá algunos aspectos del Antiguo Testamento: «*Se os dijo, pero Yo os digo...*» del Sermón de la Montaña (Mt 5) y reducirá los mandamientos a dos: amar a Dios y amar al prójimo. Proclamará que somos hijos y estamos en casa y vendrá a buscar a los pecadores y a los marginados. Y nos anunciará la Buena Noticia del Banquete del Reino de Dios.

Textos para la oración

- Bautismo: «*Tu eres mi Hijo Amado, en Ti me complazco*» (Lc 3,22).

- «*¿Quién es este al que el viento y el mar le obedecen?*» (Mc 4,41).

- «*Los ciegos ven, los cojos caminan, los leprosos quedan puros*» *(Mt 11,5),* Jesús cumple las promesas del Mesías (Is 66).

- «*Tus pecados te son perdonados*» (Mc 2,9-12).

Algunos textos para meditar el don de Dios en Jesucristo:

Hebreos 1,1-4: «*Dios en la historia nos ha hablado de muchas maneras. Ahora, en los tiempos definitivos, nos ha hablado en la persona del Hijo*».

Gálatas 4,4-6: «*Cuando el tiempo llegó a su plenitud Dios envió a su Hijo, nacido de mujer, nacido bajo la Ley, para liberarnos de la esclavitud de la ley y que recibiéramos ya la condición de hijos*».

Prólogo de Juan: «*En el principio existía la Palabra. Y la Palabra estaba con Dios, y la Palabra era Dios... Y la Palabra se ha hecho carne* humilde, frágil, renunciando a su condición divina, *y ha habitado entre nosotros... De su plenitud todos hemos recibido gracia sobre gracia*» (Jn 1,1-18).

La sobreabundancia del amor de Dios

«Con amor eterno te amo»

Is 54,6

La buena noticia del Evangelio, el núcleo de nuestra fe es éste: «Con amor eterno te amo. Hagas lo que hagas, te amo. Seas como seas te amo, no me importa lo que hayas hecho, yo te amo».

Este es el gran mensaje de la Revelación. La cosa rara de la vida es que nos pasa como a Adán y Eva después de comer del fruto del árbol: nos escondemos de Dios porque pensamos que nos va a reñir, y Dios viene a pasear con sus hijos al fresco de la tarde, y ellos se esconden. «¿Qué pasa? ¡Pero si yo vengo a expresaros que os quiero, a daros un abrazo!». Ese es el drama, vemos mal, sentimos mal. Entonces todo el trabajo espiritual consiste en rehacer, reconstruir nuestra manera de sentir a Dios,

45

porque lo sentimos mal. Sentimos que no nos quiere, que nos vigila, que nos exige… y es todo lo contrario.

Esto es lo que ocurre normalmente, pensamos que Dios nos vigila, que nos mira mal y accedemos a ir a verle con temor y temblor… y, ¡oh sorpresa! Resulta que nos da un abrazo, como al hijo pródigo. Esto es la vida cristiana. El hijo pródigo vuelve pensando que su padre no le va a aceptar como jornalero y por eso construye aquel discurso: *«Iré a mi padre y le diré que he pecado, que ya no merezco…»*. ¿Que no merezco ya? ¡Pero no te das cuenta de que eres hijo! Y ser hijo no se merece, se es.

La buena noticia de la fe cristiana, es que Dios nos sale al encuentro corriendo con un abrazo, no nos deja ni abrir la boca. «Me da igual lo que hayas hecho, lo único que me interesa es que estés bien y que estés conmigo, porque eres mi hijo». Este es el núcleo de la fe cristiana, la buena noticia, sobre la cual os propongo meditar hoy. Dios es como una gallina que tiene a los polluelos abrazados bajo sus alas (Lc 13,34), es más madre que padre. Tiene entrañas de misericordia, sufre cuando estamos mal y solo quiere que estemos con Él, que seamos felices.

Hay muchísimas escenas de Jesús que muestran que esto es así. Por ejemplo:

Zaqueo, un pecador público, un traidor, un delincuente, robaba a la gente, no hay duda de que era un gran pecador. Él está mirando por detrás del gentío para ver

46

a Jesús, no se atreve ni a hablar con Él porque se sabe indigno. Se sube al sicomoro y Jesús lo mira. ¡Qué mirada debió lanzarle Jesús! Una mirada muy distinta de la de los vecinos de Jericó. Éstos lo miraban como a un traidor, un ladrón y él se sentía así debido a las miradas de sus contemporáneos, pero Jesús no lo miró así. Lo miró como un hombre que busca, que quiere ser feliz y ser aceptado. Y cuál no sería la sorpresa de Zaqueo que no esperaba recibir nada de Jesús, solo verle, cuando Jesús le mira y le dice: «*Zaqueo, baja deprisa, que hoy tengo que hospedarme en tu casa*». Esta es la sorpresa del cristianismo: yo, que no me lo merezco, recibo un banquete gratis, desmesurado. Gracias a esta iniciativa de Jesús, que es generosidad desbordante, desmesurada e imprevista, Zaqueo cambia, se convierte. Solo nos cambia descubrir la sobreabundancia del amor de Dios. Y eso lo leemos en **Zaqueo** (Lc 19,1-10), **el Hijo Pródigo** (Lc 15,11ss), o **la oveja perdida** (Lc 15,4ss). Esta es la sorprendente manera de hacer de Jesús.

Lo mismo sucede en **Jn 21**, la aparición de Jesús en el lago después de Resucitado. Los apóstoles le habían traicionado, le habían dejado solo y Jesús llega y no les reprocha nada. Lo único que hace es decirles: «*Eh chicos, ¿tenéis algo para comer?*». Una familiaridad extraordinaria, y les invita a desayunar, rehaciendo así la amistad que ellos habían roto. Este es el rostro de Dios que Jesús

47

nos ha venido a comunicar: el del perdón incondicional (Jn 20,23).

Recordemos, por ejemplo, de la escena del **buen ladrón** (Lc 23,39): ¡era ladrón!, se merecía el castigo. Pero le dice a Jesús: «*Señor, acuérdate de mí*», no hay arrepentimiento, no pide perdón, simplemente pide, cree que Jesús es el Hijo de Dios y le dice al Señor que se acuerde de él cuando llegue a su Reino. Y Jesús le dice: «*Hoy estarás conmigo en el paraíso*», por el simple hecho de pedirlo, no porque se lo merezca.

En la parábola de los **obreros de última hora** (Mt 20) también se nos muestra la infinita generosidad del Dios de Jesús. En la persona de este administrador que sale a buscar trabajadores para su viña, hasta cuando falta una hora para que se ponga el sol, Jesús se nos muestra generoso y deseoso de que los jornaleros lleven el jornal a sus casas. Hasta el punto de que paga igual al que ha trabajado una hora que al que ha trabajado todo el día. Pero nosotros no toleramos tamaña generosidad, seguimos anclados en la justicia distributiva: «*¿Tienes envidia porque yo soy generoso?*».

El amor de Dios es gracia, el cielo se nos regala gratis. Cuando Jesús se pone a la mesa con los pecadores, está diciendo que el Reino de Dios es para aquellos que no se lo merecen. Según los judíos, los pecadores no son dignos de Dios. Jesús, con el gesto de sentarse a la mesa con ellos, nos está diciendo que la amistad con Él es una oferta gratuita de amor y de perdón.

Entonces ¿Por qué nos esforzamos tanto en ser buenos, en cumplir las normas para merecer el amor de Dios? ¡Si es gratis! La vida moralmente buena me hace bien a mí no a Dios. El cristianismo no es una moral, es muchísimo más, es una oferta de amor desmesurado, gratis, para el que lo quiera acoger. De aquí brota el gozo, que es la característica principal de la vida cristiana, no la virtud o la perfección. La vida virtuosa ya la habían descubierto Aristóteles y los estoicos y en el Antiguo Testamento también se recomienda la conducta recta. Pero esto no es el núcleo de la vida cristiana.

La vida cristiana nace del gozo que brota de recibir un regalo desmesurado, inmerecido e inesperado. Es como encontrar un tesoro (Mt 13,44). Es el caso de Zaqueo, o de san Pablo, que era perseguidor de los cristianos y, en medio del desierto, Jesús le regala una experiencia mística que le tira al suelo. Así es el amor de Dios. El cambio de mentalidad que debemos hacer es éste: descubrir que Dios, a través de Jesús, solo quiere que yo disfrute, que tenga paz, que tenga gozo, de ahí la oferta gratuita de comunión con Él, fuente de Vida.

Jesús no necesita que seamos buenos para amarnos, Él nos hace buenos, nos hace santos. Este es el núcleo, el principio, el fundamento: el amor de Dios es una oferta

49

gratis, desmesurada, inmerecida. Lo resume muy bien este texto tan bonito del Deuteronomio: «*El Señor se fijó en vosotros y os escogió, no porque fuerais un gran pueblo, de hecho, sois el más pequeño de todos los pueblos. Os he escogido porque os amo*» (Dt 7,8). Te he regalado que seas cristiano porque te amo. Te he llamado a la vida cristiana porque te amo, para que te realices y seas feliz.

Dios es ternura

«...Dios no puede más que darnos su Amor.
Nuestro Dios es ternura…»

Taizé

Uno de los objetivos de los ejercicios, si no el principal, es ordenar nuestros afectos, curar nuestras fibras heridas. En esto Jesús es un maestro, un médico del alma.

Nuestra afectividad

La afectividad es algo bueno, creado por Dios, que no hay que reprimir ni dejar a rienda suelta sino canalizarla sanamente. No se puede parar un torrente de montaña con una pared, el agua la rompería o saltaría por encima.

El eros o impulso vital, deseo de plenitud es bueno, creado por Dios, pero se ha de modular con el ágape, amor oblativo (cf. Benedicto XIV)[6].

---

6. En su primera encíclica *Deus caritas est*, nº 3 al 5.

Algunos criterios que pueden ayudar:

1) Reconocer que necesitamos ser queridos, valorados, pero no de manera infantil o enfermiza. La mayor parte de nuestras emociones heridas (ira, tristeza, celos, envidia…) vienen de la frustración por no sentirnos queridos. Somos enfermizos mendigos de ternura, hasta en la oración.

   a) Nuestro eros solo se sacia con un EROS más grande: Dios (Evagrio)[7].

   b) Yo no necesito el aprecio y aprobación de los otros para vivir. Solo un mínimo.

   c) Mis deseos caóticos son pasiones que hay que evangelizar, sanar, purificar, ordenar… pero no matar. Son la fuerza que me impulsa a vivir intensamente, fuente de creatividad.

2) Reconocer y aceptar que: «Todo tu humano es una desilusión» (P. Severino)[8].

3) No podemos vivir sin ternura. «La ternura es el movimiento de lo santo dentro de nosotros» (Cristina Kaufmann)[9]. Es el arte de la delicadeza en los pequeños detalles:

---

7. Padre del desierto del siglo VI.

8. Severino María Alonso, claretiano, durante muchos años director del Instituto Teológico de la Vida Consagrada de Madrid.

9. Carmelita descalza, que fue priora del Carmelo de Mataró. Fallecida el 18 de abril de 2006.

– Dejando la mesa y la cena preparada para los que llegan tarde.

– Preguntando «cómo te ha ido» al que llega de trabajar.

– Haciendo un pequeño regalo el día del santo.

Santa Clara abrigaba por las noches a las hermanas con las sábanas, como a los niños y lavaba los pies a las que venían de mendigar.

La ternura de Dios

Las mejores metáforas de Dios en el AT significan relaciones personales: Dios como padre, madre, amigo, esposo.

Dios como padre:

Os 11,1-4: Muestra a Dios como un padre que se acerca, que se abaja a coger a su hijo en brazos y se lo acerca a la mejilla. ¡Qué imagen tan bonita del amor de Dios! «*Yo me agachaba para darle de comer, lo cogía en brazos y me lo ponía en la mejilla*». Así es la ternura de Dios. Pero también dice el mismo texto que Israel es como un niño al que quieres darle un beso y se escapa, porque piensa que le vas a regañar. Dios nos quiere acariciar y pensamos que nos va a pegar, porque estamos mal, estamos enfermos, nuestra percepción está herida y malinterpretamos los gestos amorosos de Dios.

Dios como madre:

Sal 131(130): «*Como un niño en la falda de la madre, así os quiero yo*». Imaginaos ser como un niño en brazos del padre o de la madre, dejándonos mecer, acariciar, dormir… El cristiano es aquel que se sabe en brazos del Padre. Dios es como una madre que llena de ternura a sus hijos.

Is 66, 12: Compara a Dios con una madre que le da el pecho a su hijo y dice: «*Chuparéis las delicias de la leche de vuestra madre… En brazos seréis llevados, sobre las rodillas seréis acariciados*». Dios es como una madre que nos amamanta y nos cuida generosamente. «*Como una madre consuela a su hijo, así os consolaré yo*».

Is 49,15: «*¿Puede una madre olvidar al hijo de sus entrañas? Pero, aunque alguna se olvidara, yo nunca te olvidaría*». El amor de Dios es más fuerte que el amor de una madre por su hijo. San Francisco decía que debemos cuidar y alimentar a nuestros hermanos como una madre a su hijo.

Dios como esposo:

El más bello de todos estos textos está en **el Cantar de los Cantares**, un poema de amor entre un hombre y una mujer, con imágenes muy atrevidas: «*Pondré tu rostro en mi brazo izquierdo, sostendré tu cabeza, con el brazo derecho te abrazaré y te besaré*». Son metáforas de cómo nos quiere Dios. Vale la pena meditar, sobre todo, el capítulo 2 y el 5.

Ezequiel 16: Dios encuentra a una mujer tirada en el desierto, como un aborto, llena de sangre y dice: «*Pasé a tu lado, te vi agitándote en tu sangre... y yo te bañé, te limpié, te puse vestidos, te puse joyas, te embellecí*», y luego «*cuando llegó el tiempo de tus amores te hice mi esposa... Pero tú te apropiaste de la belleza que yo te había dado y la utilizaste para seducir a tus amantes*». El pecado es apropiarse de los dones que Dios nos ha regalado y utilizarlos en beneficio propio.

¡Pero el amor de Dios es tan fuerte! Es sólido, es fiel. Hasta con su esposa que le ha engañado con los amantes, los ídolos. No olvidéis que, en Canaán, en los santuarios paganos, había prostitución sagrada. Esto no es metafórico.

La idolatría, el gran pecado de Israel, consiste en que, en vez de adorar a Dios que les ha salvado de Egipto, les ha dado la ley en el desierto, los ha llevado a la tierra prometida que mana leche y miel... en vez de adorar a Dios, los israelitas adoran a los ídolos paganos.

Pero lo increíble del amor de Dios es que dice: «*A pesar de que me has puesto los cuernos, a pesar de que te has ido con otro, yo te voy a seducir, te llevaré al desierto y te hablaré al corazón. Volveré a enamorarte y volveré a ser tu esposo, a pesar de que tú me has fallado*» (cf. Oseas 2). Así es el amor de Dios, fuerte, fiel, increíble. A pesar de que le engañemos o le fallemos, o utilicemos nuestros carismas en beneficio propio, Él nos sigue amando fielmente.

Dios como amigo:

Moisés y Abrahán. Quizá la mejor metáfora sea decir que Dios es Amistad. Dios, amigo de los hombres se le llama en los textos de los patriarcas, y Moisés y Abrahán eran los amigos de Dios. También Jesús, en el evangelio de Juan les dice a los discípulos: «*Ya no os llamo siervos, a vosotros os llamo amigos, porque os he revelado todo lo que he oído de mi Padre*» (Jn 15,15).

Podéis coger alguno de estos textos o, si no, el **salmo 35**, que es una maravilla: «*Bajo las alas escondes a los hombres, Tú Señor salvas hombres y animales, ¡qué precioso es tu amor, oh Dios! Nos sacias con lo mejor de tu casa. Nos das a beber del torrente del paraíso, pues en Ti está la fuente de la Vida, y en tu luz vemos la luz*».

Jesús encarna en el evangelio de Juan esta fuente de agua viva, el paraíso del que bebemos.

La ternura de Jesús

Jesús es una persona de gran afectividad, profunda, sana, madura... Es un hombre rudo, trabajador manual, pero tierno.

- Se conmueve, llora ante la muerte de Lázaro. Llora ante Jerusalén. Se conmueve ante el dolor de la viuda de Naín.

- Abraza a los niños, los bendice (Mc 9,36).

- Se deja tocar por las mujeres sin escandalizarse (Lc 7,36-50).

- Se le conmueven las entrañas con la compasión[10]: ante las gentes como ovejas sin pastor (Mc 6,34), en el Buen Samaritano (Lc 10,29); con el padre del hijo pródigo (Lc 15,11).

- Tiene amigos íntimos: Marta, María y Lázaro, se hospedaba en su casa. Pedro, Santiago y Juan son los íntimos que le acompañan en momentos importantes (Transfiguración y Getsemaní). Tiene una amistad especial con María Magdalena.

---

10. En el original griego del evangelio aparece un verbo *splagnitzomai* que significa: experimentó un estremecimiento de compasión. *Splagnon* en griego significa las entrañas.

57

- Es un hombre de gran delicadeza:

  o «*Yo que os he querido reunir como una gallina a sus polluelos*» (Lc 13,34).

  o «*Recoged los trozos que han sobrado*» (Multiplicación de los panes).

  o «*Venid a un lugar tranquilo y reposad un poco*» … «¿Cómo os ha ido?».

  o «*Dadle de comer*» (a la hija de Jairo).

  o Se deja cuidar. Cuando María vierte en su cabeza un frasco de nardo auténtico (Jn 12).

  o «*Venid a mí los que estáis cansados y agobiados y yo os haré reposar*» (Mt 11,28).

  o Se acerca a los indefensos, a los que no cuentan (leprosos, prostitutas, mujeres, niños…).

  o Come con los pecadores, significando así que son sus amigos.

Jesús es un hombre de grandes afectos, bien canalizados, de múltiples relaciones profundas. Es un hombre «pro-existente», existente para los demás, sin pizca de egoísmo. Pero se deja querer, tiene amigos (Jn 15,15).

El Espíritu Santo, el Espíritu de Jesús es esa presencia de la ternura de Dios: dulzura, suavidad, delicadeza… (Ga 5,22).

La mirada de Jesús

«Ilumine el Señor su rostro sobre ti,
te mire con un rostro iluminado»

Núm 6,24

«El cristiano es aquel que se siente bien mirado». Dios nos mira bien, pero parece que nosotros nos sentimos mal mirados, como Adán que en el paraíso se siente mal mirado por Dios y por eso se esconde. Es una expresión que sale, por ejemplo, cuando Rut le dice a Booz que la ha acogido en su tierra con gran generosidad: «*¿Por qué me miras con buenos ojos?*» (Rut 2,10). Y, al contrario, cuando aquellos obreros de última hora cobran igual que los que han estado todo el día trabajando, el capataz les dice a los que protestan: «*¿tu ojo es malo porque yo soy bueno?*». «*¿Me miras mal?*» (Mt 20).

Mirar mal, es el resultado de sentir mal, porque vemos con el corazón. De manera que, si yo tengo a mi hermano atravesado, le voy a ver mal, le voy a escuchar mal, no le

59

voy a comprender. Pero si le miro bien, si la compasión o la comprensión han conseguido reblandecer mi corazón, le miraré con buenos ojos.

Buena parte del trabajo espiritual consiste en esto: reblandecer el corazón, ver como Jesús, sentir como siente Jesús, con su comprensión, con sus entrañas de misericordia, con sus sentimientos (Flp 2).

Para poder ver con los ojos de Jesús, para mirar bien, hay que sentirse bien mirado por Jesús, es la condición del cristiano. Cristina Kaufmann decía: «El cristiano es aquel que se sabe bien mirado por Jesús, que siente la mirada complacida de Dios sobre él». Como en el bautismo de Cristo: «*Tú eres mi Hijo amado, en ti me complazco*» (Mc 1,11). Sentir esa mirada de Dios sobre nosotros es el objetivo de los ejercicios. Esto nos cambia el corazón, nos transfigura la mirada.

San Ignacio cambió del día a la noche por una experiencia de iluminación en el río Cardener. ¿Qué ocurrió allí? ¿Qué hizo el Espíritu en su corazón para que se le abrieran los ojos y todo lo viera con otra luz? Éste «se le abrieron los ojos» se cita también en los textos de la resurrección: con estos ojos nuestros, tan opacos, no vemos, no reconocemos al Resucitado. Pero a la que haya un «clic», un toque, ya sea al partir el pan en Emaús o al sentir pronunciado mi nombre por Jesús, como María Magdalena, ese toque hace que se abran los ojos. Esto es

60

lo que hemos de suplicar estos días, que el Espíritu con su gracia me conmueva, me acaricie el corazón, se me abran los ojos y vea.

Hoy os invito a contemplar cómo es la mirada de Jesús, que no es como la nuestra: se fija en cosas que nosotros no nos fijamos, como con aquella viejecita que pone dos monedas de las más pequeñas en el Templo, o ante aquella multitud desalmada y desesperanzada, como ovejas sin pastor, donde Jesús dice: «*la cosecha es abundante*» (Lc 10,2).

Jesús no ve la apariencia, ve el fondo del corazón (1Sam 16). Y en aquellas personas hambrientas, desesperanzadas y cansadas ve un tesoro dentro de su corazón, porque ruega para que el Padre envíe segadores y no sembradores. Igual que en Zaqueo no vio a un delincuente o a un pecador público, sino que vio a un hombre que busca. Jesús ve el fondo de las personas, como con Natanael en el evangelio de Juan cuando, escéptico, dice de Jesús: «*¿De Nazaret puede salir algo bueno?*». «*Ven y lo verás*» le dice Felipe. Ven y experiméntalo por ti mismo, no vivas de tópicos y de prejuicios. Y cuando se acerca Jesús, éste le dice: «*He aquí un israelita auténtico*». Se acaba de meter con él, le ha despreciado y Jesús le dice: «*He aquí un israelita auténtico*», porque ve más allá. Natanael le dice: «*¿De qué me conoces?*». Y Jesús le

61

responde: «*Te he visto bajo la higuera*». Te he conocido por dentro.

En la escena del **endemoniado de Gerasa (Mc 5,1)**, Jesús no vio a un perdido, a un loco, a alguien que hay que encerrar o expulsar. El endemoniado de Gerasa es visto por los vecinos como un animal, como un no humano y, al sentir esa mirada sobre él, se reafirma su odio contra sí mismo. Vivimos de la mirada de los demás y Jesús fue el primer hombre que le miró de otra manera. Se sintió mirado según el amor, de un modo nuevo y esto empezó a curarle, no sin resistencia.

En **la mujer adúltera (Jn 8)**, Jesús no oye las acusaciones, no hace caso, expulsa a los acusadores y se queda solo ante la mujer, mirándola. ¿Cómo debía ser esa mirada? La mirada de Jesús sobre aquella mujer la resucitó por dentro. Cuando alguien nos mira bien, nos mira amándonos, nos vivifica, nos resucita, hace que crezcan en nosotros unas posibilidades que ni nosotros mismos conocíamos. Como María en el Magníficat: «*porque ha mirado la pequeñez de su esclava*», María se ha sentido mirada por unos ojos nuevos que la han hecho creer en lo imposible.

También tenemos la mirada de Jesús sobre el **joven rico (Mc 10,21)** el texto dice: «*lo miró con amor*», pero el joven rico no captó esa mirada, y Jesús lo miró con comprensión, con amor. O la mirada de Jesús a Pedro al traicionarle (Lc 22,61). ¿Cómo debía de ser esa mirada?

Sentirse mirado por Jesús es fabuloso. Lo primero que debemos reconocer es que no podemos vivir sin ser mirados. No soportamos que no nos miren, que no nos amen. Todos buscamos la mirada de los demás, como los niños pequeños. Si la madre mira a su niño pequeño, mientras juega tranquilo, no tiene miedo porque sabe que la madre está, pero a la que la madre desaparece, el niño lo siente y se asusta. Una simple mirada de la madre hace que el niño recobre la paz. Somos como esos niños que necesitamos ser mirados.

Una manera muy bonita de rezar, es tener un icono o una postal con el rostro de Jesús mirándonos. Dejar que Él nos mire y mirarle. La oración es ponerse bajo la mirada de Jesús, dejarse mirar: «*Él me mira y yo le miro*» decía santa Teresa. La oración es dejarse llenar, dejarse amar, dejarse cuidar. Todas las religiones exigen obras, ritos, sacrificios... El cristianismo consiste en dejarse amar. Y cuando uno se sabe amado, corre a amar a los demás con el corazón ensanchado. Ya no hace falta que se nos exija nada cuando se ha experimentado el rostro y el amor de Jesús. Mirad a María Magdalena, Jesús la liberó de siete demonios, de sus enfermedades, y nadie le tenía que obligar a ir detrás de Jesús y seguirle como discípula, porque había sido liberada y amada. El amor tiene algo de exceso

En un libro de González Buelta[11] hay una anécdota muy bonita de un enfermo con esclerosis múltiple, está paralítico en el hospital y todos le miran como a un enfermo, pero su novia le mira de otra manera y él dice: «Cuando tú me miras ya no me siento enfermo». Como la novia le ama, se siente mirado de otra manera. Y cuando uno se sabe mirado así, dentro crece su yo, se embellece, sale de sí. La manera de hacer crecer a alguien es que se sienta amado.

Dicho esto, vamos a retomar dos textos ya citados que son fundamentales desde la perspectiva de la mirada. Es bueno repetir los textos que nos han afectado.

El hijo pródigo y Juan 21. ¿Cuál es la mirada del Padre del hijo pródigo, tanto al hijo pequeño como al hijo mayor? ¿Y cómo es la mirada de Jesús a los apóstoles que le han abandonado?

En el Hijo Pródigo, el hijo menor le pide al padre que le dé la herencia. Pedirle esto a un padre en vida es un insulto gravísimo, es como decirle «para mí estás muerto». Es decirle «no me importas tú, solo tu dinero». Es muy duro. Pero el padre lo acepta sin rechistar.

---

11. BENJAMÍN GONZÁLEZ BUELTA, *Ver o perecer,* capítulo 3, Sal Terrae 2006.

64

El hijo se va, malgasta la herencia y, cuando siente hambre, razona así: «En casa de mi padre comía y aquí no como». Es egoísta, pero inteligente. Con este razonamiento decide volver. ¿Qué iba a decirle a su padre? Tiene que montar un discursito porque piensa que su padre no le va a aceptar: «Padre he pecado contra el cielo y contra ti, ya no merezco ser hijo tuyo, acéptame entre tus jornaleros». El hijo piensa que su padre cree que merece o no merece según su comportamiento. Esto es muy antiguo, lo tenemos muy metido dentro. Muchas veces, cuando no nos portamos bien, pensamos que no merecemos el amor de Dios. Esto no es condición para seguir a Jesús. Él solo quiere que estemos con Él. Entonces, el hijo vuelve, y solo al verle por el horizonte, el padre corre a abrazarlo. Le llena de besos, no le deja ni hablar, le hace entra en casa, le pone el anillo, le viste y le calza con la dignidad de hijo y prepara el gran banquete para celebrar el reencuentro con el hijo perdido. El padre estaba preocupado porque «mi hijo estaba muerto, separado de mí». La muerte espiritual es mucho peor que la muerte física. Es vivir en el desasosiego, en la tristeza, en la lejanía de Dios. Alejarse de Dios es morirse, igual que los sarmientos y la vid, si se separan del tronco, se secan (Jn 15). Al separarnos de Dios nos secamos.

La mirada del padre a su hijo es una locura de amor. Solo quiere su bien. Siente que su hijo se ha separado del tronco y está sufriendo. Sufre porque no puede forzar su libertad, pero se alegra inmensamente cuando vuelve. Así es Dios, esta es la mirada de Dios, y Jesús narra esta parábola porque ha sentido esa mirada del Padre sobre Él.

Al hermano mayor lo que le pasa es que es el cumplidor, el que se porta bien, pero tampoco conoce a su padre. ¿Por qué se enfada? Porque su padre es demasiado bueno. Cree que el padre tiene que castigar a su hijo, tiene un concepto de justicia distributiva que no es cristiano. «Toda la vida sirviéndote, sin desobedecer ni uno solo de tus mandamientos». «Me he portado bien, soy bueno y tú no me has dado nada». Este hijo funciona según la religión antigua: «Yo hago obras buenas y tú me tienes que dar lo que me corresponde». No ha sentido que su padre es padre. «Hijo, Si quieres un cabrito cógelo. ¿Es que no te has enterado de que todo lo mío es tuyo?». Este hombre vive en su casa sin saber que está en casa. Muchas veces vivimos en la iglesia sin saber que estamos en casa, vivimos como si estuviéramos en casa ajena, pensando que tenemos que portarnos bien, ser buenos y pedir permiso para todo.

La figura del padre trasparenta cómo son los ojos de Dios, cómo es el amor de Dios. Porque Jesús no ha sacado esta parábola de observar cómo son los padres de

66

Palestina, la ha sacado de su experiencia personal del Padre, de saber cómo es Dios.

En **Juan 21**, la mirada que tiene Jesús hacia sus apóstoles, que le han traicionado, es de profunda ternura, de magnanimidad, de perdón incondicional. Les comprende ya desde la cruz: «*Perdónalos porque no saben lo que hacen*». La mirada de Jesús hacia los suyos, que le han traicionado, es de no echar nada en cara, de comprender, de disculpar, de familiaridad. Es precioso: «*Eh chicos, ¿no tenéis nada para comer?*». Cercanía y confianza. Entonces el discípulo amado le reconoce; el que ama es el que ve. Ve la realidad auténtica que es Jesús mismo, porque ama. Está en sintonía con Él. Lo más bonito de Juan 21 es la cercanía de Jesús, su perdón incondicional y el gran misterio de la eucaristía: toma el pan, lo bendice, lo reparte, rehaciendo la amistad que ellos habían roto.

Dejaos mirar por Jesús con alguno de estos textos y luego pedidle al Señor que transforme vuestra mirada: «Que yo vea a mis hermanos como Tú los miras, que yo vea a los demás como Tú los ves».

El pecado

«Tú eres mi hijo amado, en Ti me complazco»

Lc 3,22

Esta es la gran experiencia de Jesús: «Tu eres mi hijo amado y me complazco en Ti. Me alegra que seas mi hijo». En esta gran experiencia de Jesús es en la que hemos ido entrando estos días. De una forma o de otra en esto consiste el cristianismo, en experimentar: *«Tu eres mi hijo amado y en ti me complazco»*. El Evangelio de Lucas nos avisa que cuando Jesús se bautiza, se abren los cielos, y estos días hay que vivir la experiencia de que «se abren los cielos». Hay comunicación directa entre el cielo y la tierra, y sobre Jesús baja el Espíritu Santo, mientras se oye la voz del Padre: *«Tú eres mi hijo amado»*.

Dios también se complace en nosotros, en nuestra manera de ser, está contento de que seamos; esa es la experiencia que hay que pedir. Muchas veces no nos sentimos hijos de Dios por nuestros complejos, sentimos que nos

69

mira mal, que no estamos a la altura, como si Dios nos exigiese o nos juzgase. Y por eso nos juzgamos a nosotros mismos y juzgamos a los demás.

El objetivo de estos días es recrear en nosotros la experiencia de hijo, de que somos amados incondicionalmente y sentirnos en casa. La Iglesia es nuestra casa, es decir que soy libre, hay confianza, me miran bien, no estamos en una residencia, aunque a veces funcionemos así, como el hijo mayor de la parábola. No, estamos en casa, por tanto, todo es nuestro, somos hijos amados (cf. Gal 4,4-6).

El motivo de la Encarnación, el motivo de la misión del Hijo es hacernos descubrir que somos hijos y, por lo tanto, tenemos una herencia en el cielo. En **Rom 8,14** san Pablo dice: «*En efecto, todos los que son guiados por el Espíritu de Dios son hijos de Dios*». Es un buen criterio de discernimiento, poseo el Espíritu Santo me siento hijo y me comporto como tal; si me comporto como esclavo, no poseo el Espíritu Santo, pues el Espíritu es libertad. Y sigue diciendo: «*Vosotros no habéis recibido un espíritu de esclavos que os haga volver a caer en el temor*». El temor no es de Dios, tener miedo es del mal espíritu: «*sino que recibisteis un espíritu de hijos que nos hace exclamar: ¡Abbá, Padre!*».

Otro aspecto muy bonito del texto de Romanos 8 es que el Espíritu de Dios se junta con mi espíritu, su Ser se une con mi ser para que yo pueda dar testimonio de que soy hijo de Dios. Luego, más adelante dice que todos nosotros gemimos con dolores de parto hasta el día en que seamos plenamente hijos. El cielo es el estado en que seremos plenamente hijos, aquí nos vamos entrenando. Y ser hijos implica parecerse al Padre.

Así pues, nuestra vocación es, poco a poco, irnos pareciendo al Padre, por eso dice Jesús en el Sermón de la Montaña: «*Amad a vuestros enemigos, rogad por los que os persiguen, así seréis hijos de vuestro Padre del cielo*» (Mt 5,45), os pareceréis a Dios. Ser hijo también implica dejarse corregir. Un padre quiere lo mejor para sus hijos y por eso les instruye, les dice lo que hacen mal y lo que deben hacer para ser felices, y nuestra disposición de ser hijos implica dejarnos corregir amorosamente, no con estilo militar, sino dejarnos corregir por Alguien que sabemos nos ama. Un buen ejercicio para hoy podría ser rezar lentamente el **Padrenuestro**, ya que ejercita en nosotros la experiencia de hijos. *Abbá* es la palabra que dirigían los niños a sus padres en arameo, en tiempos de Jesús. Jesús nos invita a dirigirnos así al padre, no de una manera infantil, *Abbá* quiere decir *Padre Amado* con veneración, con respeto, con disposición a la obediencia, con una intimidad y cercanía muy grandes.

Sugiero para hoy, al menos para la primera hora de oración, hacer un poco de rememoración sobre lo orado

71

estos dos días, recordar, rememorar... Hasta ahora hemos meditado sobre el Amor de Dios desde diversos ángulos: la Creación, la sobreabundancia de Jesús, el amor paterno-materno de Dios, su Misericordia. Sería bueno ahondar, repitiendo algunos textos, en la experiencia de la magnificencia del Don de Dios.

Estado de desemejanza con Dios

Pero si Dios es así, tan grande, tan misericordioso, tan amoroso, tan regalado, tan dispendioso, ¿cómo es que yo soy tan raquítico? Si Dios es así, ¿qué me ocurre que no le conozco? No tengo conciencia de que sea así porque a veces soy un poco mezquino y exijo. Nuestra forma normal de vivir es como si tuviéramos un Dios que no es tan generoso. La cuestión es: si Dios es tan grande y tan generoso, ¿por qué el ser humano no lo es? Es porque no le conocemos. Como en aquella parábola en la que a uno se le ha perdonado una enorme deuda y, al salir del palacio, se encuentra a uno que le debía cuatro chavos y le amenaza para que le devuelva lo que le debe (Mt 18).

Propongo meditar sobre el pecado como contraste con la magnificencia de Dios. La oscuridad sufre por la luz, lo que hay de oscuro, de desordenado solo se ve cuando se pone luz. Por eso vino la luz al mundo y las tinieblas no la soportaron, por eso Jesús que era la luz, ponía tan

72

nerviosas a las personas que vivían desordenadas. Teniendo presente la inmensa misericordia de Dios puedo ser consciente de mi pecado; los santos se consideran grandes pecadores, porque conocen a Dios. Solo somos conscientes de nuestro estado de pecado cuando entramos en contacto con la santidad inmensa de Dios. Es lo que le ocurre a Pedro cuando presencia el milagro de los peces y experimenta la santidad de Jesús en aquella sobreabundancia, y va corriendo, se postra ante Jesús y le dice: «*Apártate de mí que soy un pecador*» (Lc 5,8). Se hace consciente de su no santidad, de su desemejanza, de su estado de pecado porque ha experimentado la santidad de Jesús. Estos días hemos meditado la inmensa misericordia de Dios, la magnanimidad de su amor y, a la luz de esto, podemos ahora ser más conscientes de nuestro no estar a la altura.

Las consecuencias profundas del pecado

La primera es sentirse mal mirado. Si yo soy mirado con tanto amor por Dios, si soy mirado con tan buenos ojos, ¿cómo es que me siento mal mirado y miro mal? Es el drama de Adán y Eva en el paraíso. Dios les había puesto en el jardín para que disfrutaran y les dijo: «No comáis de ese árbol porque os sentará mal, pero gozad, disfrutad, cuidad del jardín, comed de los frutos que queráis, menos de ese árbol que no os conviene». Pero resulta que luego Dios sale a encontrarse con sus hijos, al fresco de

73

la tarde, y Adán y Eva le ven mal porque han comido del fruto del árbol que no debían, y se ha producido en ellos un desorden misterioso que hace que se sientan mal mirados por Dios, y por eso se esconden. Se ha producido un desorden que nos hace sentir vergüenza de nosotros mismos. La vergüenza es el estado normal de nuestro ser, nos da vergüenza ser como somos, nos da vergüenza que nos miren y nos critiquen

Pero el pecado es un misterio. Así como describir a Dios o describir a Jesús es bastante claro, el mal, por su misma inconsistencia, es difícil de explicar. Podemos acercarnos desde tres puntos de vista distintos. El primero es que nos sentimos mal mirados porque tenemos ese desorden interior. El libro del Génesis lo explica de una manera magistral; el capítulo 3 está ligado al capítulo 2, ya que dice que Dios puso en el jardín al hombre y a la mujer, estaban desnudos y no sentían vergüenza el uno del otro, preparando lo que pasará cuando coman del fruto. Luego dice que les puso con libertad y gratuidad y, cuando han comido del árbol, todo eso queda desfigurado. ¿Qué significa comer del árbol? ¿Qué proceso hay en la acción de la serpiente? Si leemos con atención podemos ver que hay un engaño muy sutil, la serpiente es muy astuta, va poquito a poco, para hacernos ver como bueno lo que es malo, y hacernos desconfiar de Dios.

La mujer aquí, en la cultura sapiencial, es la persona inexperta, que se deja engañar. La serpiente le dice: «*Así que Dios os ha dicho que no comáis de ninguno de los árboles del jardín?*», exagerando el mandamiento. Y Eva contesta: «*Podemos comer de los frutos de todos los árboles del jardín, pero del fruto del árbol que está en el medio, nos ha dicho que no comamos ni lo toquemos porque moriríamos*». Notemos que Dios no había dicho que no lo tocaran, y había dicho que morirían en el sentido de experimentar la tristeza, el desasosiego, no la muerte física como tal. La serpiente les dice: «No moriréis», en el sentido físico, tergiversando lo que quería decir Dios, haciéndoles desconfiar y exagerando el mandamiento. El estado de pecado implica añadir normas, exagerar el mandamiento. Normalmente el pecado de la gente religiosa no es la dejadez, sino el exagerar los ayunos, las normas...

Fijémonos como la serpiente sigue inoculando desconfianza: «*Dios sabe que no moriréis, Dios sabe que si un día coméis se os abrirán los ojos y seréis igual a Dios, conoceréis el bien y el mal*». ¡Qué perversidad engañosa! Está presentando a Dios como alguien que es celoso de su poder, que no quiere que se lo quiten. Esto es transmutación del bien en mal, así funciona el engañador, haciéndonos ver una cosa mala como buena. Y lo que sigue es simple consecuencia del engaño: la mujer viendo que el fruto era bueno para comer y apetecible a la vista

75

(el mal siempre aparece como apetecible), comió del árbol y le dio a Adán. ¿Y qué ocurre? Inmediatamente, como consecuencia de comer del árbol, les sienta mal. En el pecado está el castigo; el castigo no es exterior al pecado, sino que le es intrínseco. Si yo como fruta podrida inmediatamente tendré malestar en el estómago. Comer del árbol es apropiarse de un conocimiento que solo le pertenece a Dios, es apropiarse el decidir lo que es bueno y lo que es malo, apropiarse de un conocimiento que excede nuestra capacidad ya que somos criaturas. El gran error del hombre es creer que sabe, creer que puede y hacerse dueño de la decisión de lo que es bueno y lo que es malo... en suma, ponerse en el lugar de Dios.

Es importante notar que este texto no dice que esto sucedió un día, sino que ocurre siempre[12]. El género literario es sapiencial y no de narración histórica. Quiere decir que el hombre es así, que el mal nos entra a través de un engaño.

La segunda consecuencia de comer del fruto prohibido es que inmediatamente sienten vergüenza de sí mismos, les da vergüenza estar desnudos, antes lo estaban y no sentían vergüenza el uno del otro; sienten miedo y desconfianza de Dios; tergiversar la imagen de Dios es

---

12. GIANFRANCO RAVASI, *El libro del Génesis (1-11)*, Ed. Ciudad Nueva 1992, pag: 11: «Adán debería traducirse con el término "humanidad", el Hombre-Adán de todos los tiempos y de todas las regiones de nuestro planeta».

la gran consecuencia del pecado. Dios, que es un Padre generoso, magnánimo, que nos ha invitado al banquete del paraíso, y que sale a la hora del fresco a estar con nosotros... ahora le vemos como alguien que nos juzga, que nos vigila. Por eso Dios, cuando va a buscar a la pareja humana, pregunta: «Adán, ¿dónde estás?, ¿por qué te escondes?, ¿por qué tienes miedo de mí?, ¿por qué me rechazas, si yo te quiero?».

Y la tercera consecuencia es que culpabilizamos a otros, no soportamos la responsabilidad de haber pecado. Y Adán, en vez de decir: «mira Señor, he cogido el fruto del árbol», que hubiese sido lo más sencillo, dice: «*la mujer que me diste me dio del fruto*». Y la mujer dice: «*es que fue la serpiente...*». La justificación. El gran drama del ser humano es que nos justificamos de nuestras malas acciones y culpabilizamos para liberarnos.

Así, las tres grandes consecuencias del pecado son: tengo miedo de Dios, me avergüenzo de mí mismo y culpabilizo a los demás. Este es nuestro estado de criatura caída.

Un último detalle. Dice el texto: «*Se les abrieron los ojos*», les cambió la sensibilidad para el mal, hay un abrir los ojos para la verdadera realidad (Emaús), pero hay otro abrir los ojos para el mal; se nos cambia la sensibilidad con el pecado, con los actos malos, y lo que la serpiente les había prometido: «*Se os abrirán los ojos y seréis como dioses*» se convierte en: «Se os han abierto los ojos y os veis desnudos», se os ha enturbiado la sensibilidad y ya no veis bien.

El corazón endurecido

«Os daré un corazón nuevo, infundiré en vosotros un espíritu nuevo, quitaré de vuestra carne el corazón de piedra y os daré un corazón de carne...»

Ez 36, 26

El corazón en la Biblia es el centro de la persona, donde yo soy yo, donde nacen los sentimientos, los pensamientos, los deseos, las decisiones... El hombre bíblico piensa, ve, ama, discierne y decide con el corazón. Recordemos lo que dice Jesús en el Evangelio: «*No es lo que come el hombre lo que le hace impuro sino lo que sale de su corazón, los malos pensamientos, las envidias, los celos...*» (Mc 7,20). Por lo tanto, la atención más importante que debemos poner en nuestra vida reside en cómo está mi corazón, no es tanto lo que haga, que es importante, sino ¿cómo está mi corazón? ¿cómo siente? ¿cómo piensa? ¿cómo desea?

79

El pecado nace de un corazón endurecido, de piedra. Este es el primer aspecto que quisiera resaltar. El segundo es que el pecado nace de un corazón que se deja engañar, como hace la serpiente del Génesis con Eva. El tercero es que el pecado nace de un corazón que se olvida de lo mucho que Dios nos ama y nos ha perdonado. En cuarto lugar, el pecado nace de un corazón vacío; somos vacío por llenar y nos llenamos mal: de consumo, de televisión, de relaciones frívolas. Por lo tanto, se trata de que este vacío se llene con el Espíritu Santo, se llene del amor de Dios.

El corazón endurecido aparece muchísimas veces en la Biblia. Por ejemplo, en el **Salmo 95 (94)**: «*No endurezcáis el corazón como en Meribá, como el día de Masá en el desierto, cuando me pusieron a prueba vuestros padres*». ¿Qué pasó en Meribá? El pueblo tuvo hambre y se rebeló contra Dios. Cuando las cosas van mal resulta que Dios no está. A nosotros nos pasa igual, cuando va mal la oración o tenemos alguna dificultad, decimos que Dios no nos quiere. A Israel le pasó eso, salieron muy contentos, muy animados al desierto porque habían dejado la esclavitud, pero cuando empezaron a sentir hambre y sed, se acordaron de las ollas de Egipto y dudaron, no confiaron en Dios: ¿Está Dios con nosotros, o no está? Aquí vemos lo que es la dureza de corazón. Una tozudez, una rigidez producida por los propios malos pensamientos.

80

Un corazón duro es como una piedra. Si tomamos una piedra de un torrente de montaña donde pasa por encima muchísima agua, y la rompemos, vemos que está seca por dentro, no ha penetrado ni una gota de agua, porque está dura. Así le pasa al corazón duro: todo le resbala, no penetra la palabra de Dios, ni la palabra del hermano, no escucha, es insensible al sufrimiento de los demás. De ahí la necesidad de esponjar el corazón.

Un corazón que no escucha, al que todo le resbala, ¿a quién escucha? A sí mismo, a sus quejidos internos, a sus resentimientos, a sus dogmas intocables, solo está pendiente de sus diálogos internos, por eso no escucha.

Algunos ejemplos en la Historia de la Salvación de un corazón que no escucha:

Caín en Génesis 4. Si leemos el texto con atención, veremos que el problema no es que Caín tenga celos de su hermano. Él cree que hay una injusticia, hace una ofrenda y Dios no la acepta, Abel hace su ofrenda y Dios la acepta. Entonces Caín se enfada e inmediatamente Dios le hace la pregunta: «*¿Por qué te irritas? Si actúas bien, aceptaré tu ofrenda, si actúas mal, no la puedo aceptar*». Pero Caín no escucha. Dice el texto: «*Caín iba cabizbajo*», dándole vueltas a sus pensamientos heridos, a su interpretación de los acontecimientos. Como Caín solo se escucha a sí mismo, no ha podido oír la voz de Dios ni su razonamiento, y enseguida se va a matar a su hermano.

81

Esto es la dureza de corazón. Como estamos tan pendientes de nuestros diálogos internos, no escuchamos ninguna voz externa y, por lo tanto, no cuestionamos nuestra interpretación de los hechos. Caín no tenía razón y se fue inmediatamente a matar a su hermano porque no escuchó el razonamiento de Dios. Es muy importante cuestionar mi interpretación de los acontecimientos. Si yo no juzgara con tanta prontitud, si no me fiase tanto de mis interpretaciones de la realidad, no habría consecuencias tan graves.

Otro caso es el de **Jonás**, que no solo no escucha a Dios, sino que hace todo lo contrario de lo que le pide: le manda a Nínive y se va corriendo a Tarsis, al otro extremo del mundo. Además, es un anti-profeta, porque cuando está en el barco, se desata una tempestad, todo el mundo anda preocupado y él durmiendo. Y luego se enfada, porque sabe que Dios quiere perdonar a los enemigos. Jonás es un profeta justiciero, no quiere ir a Nínive porque sabe que se van a convertir y Dios los va a perdonar. Jonás no tolera un Dios tan misericordioso.

Pero ¿por qué tendemos a interpretar mal las cosas? ¿No sabéis cómo entró en el mundo el pecado original? Según un cuento de Andersen, el pecado entró en el mundo porque unos angelitos demoníacos construyeron un espejo enorme que tenía la propiedad de que cuando la gente se veía en él, se veía deformada (malos, feos).

Entonces, se lo enseñaban a la gente: los que eran guapos se veían feos, los que eran buenos se veían malos. Y entonces, los demonios que eran muy malos, se dijeron: «Ahora que tenemos a los hombres deprimidos porque se ven mal, vamos a subir este espejo a los ángeles para que ellos también se vean mal». Entonces, subieron y subieron y subieron con esfuerzo el espejo al cielo, pero el espejo pesaba tanto que se les cayó y se rompió en cincuenta mil millones de pedazos... ¿Y sabéis donde fueron a parar? A los ojos de los hombres. Y desde aquel día los hombres y mujeres se ven mal e interpretan mal las cosas.

La cuestión no es insignificante porque si yo sé que veo mal, no me fío de lo que veo. Si yo sé que no interpreto bien la realidad porque tengo en el ojo el trocito de espejo de los diablillos[13], no me creo la primera interpretación que hago de los hechos. Por eso hay que analizar mucho lo que percibimos, pensamos o sentimos. Es decir, no te hagas caso, ese es el secreto, no hacer caso de lo que veo, siento e interpreto. Otra cosa es que, después de mucho examinar, si compruebas que es cierto, créetelo, pero después de discernir bien.

Jesús se pasó la vida curando ciegos y sordos, personas que tienen los sentidos obturados. Tenemos la sensibilidad enferma y Jesús viene a curar nuestra ceguera y nuestra sordera.

---

13. Jesús dice que tenemos una biga en el ojo (Mt 7,3).

83

Otro aspecto a considerar es que mis actos me afectan: la dureza de corazón se puede ir fomentando y aumentando según mis actos negativos. Si me enfado, tengo desasosiego y nervios; si me irrito, pierdo la paz; si no me domino, me entristezco... Es así como mis actos aumentan el desorden de mi corazón y la dureza, y para no sufrir, aumento la coraza que me protege de los sentimientos y esto hace que me cierre, que me vuelva duro; mi sensibilidad se llena de victimismo, de resentimiento, y respondo siempre desde ahí. Si actúo movido por el victimismo, por la sensación de que me hacen daño, la realidad la veré teñida de ese sentimiento y reaccionaré desde allí. Solo el corazón puro, el corazón limpio, que piensa y siente bien, puede ver bien.

En diversas ocasiones, Jesús habla del corazón endurecido: en **Marcos 3,5** cuando realiza el milagro del hombre de la mano seca en sábado, mira a los fariseos y herodianos con indignación y les dice: «*¿Es lícito en los días de reposo hacer el bien, o hacer el mal; salvar una vida, ¿o dejarla perder?*». Y ellos callan, tienen el corazón embotado, su ideología religiosa endurecida les hace ver mal. A partir de ese día, decidieron matar a Jesús.

Y a los apóstoles, cuando están en la barca, después de la multiplicación de los panes, Jesús les dice: «*Tened cuidado con la levadura de Herodes y de los fariseos*» porque la ideología de esta gente les estaba impurificando.

84

Y a ellos les vino a la memoria que no tenían panes… No entienden nada. Y Jesús les dice: «*Tenéis ojos, pero no veis, orejas, pero no oís, tenéis el corazón endurecido*» (Mc 8,17). Este es nuestro problema, porque vemos con la vista teñida por la multitud de pensamientos y sentimientos que tenemos en la mente y no podemos ver la realidad tal como es. La primera condición para poder ver bien es tener un corazón limpio, en paz, ordenado. Por eso san Ignacio, en las Reglas de Discernimiento de los Ejercicios dice: «en la desolación nunca hacer mudanza», porque en la desolación, cuando estamos tristes o turbados, el corazón está alterado y no vemos bien. Para ver bien hay que tener el corazón sereno, en paz. Este es todo el objetivo de los ejercicios.

¿Cómo desendurecer el corazón?

Lo mejor para un corazón endurecido y poseído de sí mismo es un buen fracaso, una enfermedad, una humillación, porque entonces el corazón se rompe y llora y encuentra la verdad. Por lo tanto, no hay que huir de los fracasos, de las injurias o de las dificultades porque son la puerta para acceder a Dios. Mis heridas, fracasos o desolaciones son una ocasión de oro para estar en verdad, para experimentar mi fragilidad. Por tanto, un buen trancazo va bien para romper un corazón endurecido: «*Dios abre la herida y la venda*» dice el salmo. Y Jean Lafrance dice que «mi miseria es la única puerta de entrada de la Trinidad a mi corazón».

Esto le pasó a Israel en el Exilio de Babilonia, lo perdieron todo: la tierra, el Templo, los gobernantes, los sacerdotes (Dn 3, 37ss), pero aquella desgracia sirvió para que cambiara su corazón y ya no basasen su religión en ofrendas a Dios ni en sacrificios en el Templo, sino en una espiritualidad de la sinceridad del corazón: «*Un corazón quebrantado y humillado Tú no lo desprecias*» [Sal 51(50)].

Para profundizar en este tema tenemos dos textos fundamentales: el **Salmo 51(50)** donde se pide: «*Crea en mí un corazón puro*», un corazón limpio, inocente, que no piense mal, que se conmueva con el sufrimiento. Y otro texto extraordinario es **Ez 36,22-28**, situado en el exilio de Babilonia, donde Dios le dice a su pueblo: «*No lo hago porque os lo merezcáis, lo hago porque soy santo...Os reuniré de entre las naciones, os traeré a vuestra tierra... Cambiaré vuestro corazón de piedra por un corazón de carne, pondré mi Espíritu en vosotros para que actuéis según mis criterios*». Como el pueblo ha sido incapaz de cumplir la Alianza, Dios mismo vendrá a habitar en los corazones para que impulsados por el Espíritu, vivan según Dios.

Un corazón que se olvida

Para el corazón que se olvida podéis meditar aquella parábola de **Mateo 18**, en la que a uno se le perdona mucho, pero sale y le exige a otro que le pague una deuda pequeña. ¿Por qué? Porque en el camino se ha olvidado de lo mucho que se le ha perdonado. El verbo que más repite Dios en el Antiguo Testamento, aparte de «escucha», es «recuerda», no te olvides: «*Acuérdate del camino que Yo te he hecho recorrer en el desierto. Puse a prueba tu corazón para que supieras que no solo de pan vive el hombre sino de toda palabra que sale de la boca de Dios*» (Dt 8,2). Hay que recordar, rememorar. En estos días nos hemos hecho conscientes de lo mucho que nos ama Dios. No nos olvidemos, porque el que se olvida de esto se olvida de lo fundamental y se vuelve una persona exigente con los demás. Es importante hacer memoria de lo que Dios ha hecho en mí, pero también es importante hacer memoria de mi historia de pecado. Cuando soy consciente de aquello de lo que soy capaz de hacer y cuando soy muy consciente de mi pecado, no acuso tanto, no juzgo a los demás. Si juzgo a otro es porque me creo que soy bueno. Y el único bueno es Dios (Mc 10,18).

Abbá Moisés, un padre del desierto (s. IV), era ladrón y asesino y se convirtió, se hizo monje y vivía en una ermita como un santo, era una persona de referencia. Una vez un hermano cometió un pecado muy grave y entonces fueron a denunciarlo a Abbá Moisés. Él no quería venir a juzgarlo, pero le insistieron tanto que dijo: «Ya iré». Y, al cabo de un día, apareció con un saco de arena al hombro, pero el saco tenía unos agujeros por detrás, de manera que la arena se le iba perdiendo. Al llegar, los hermanos le dicen: «¿Abbá, no te das cuenta que se te pierde la arena del saco?». Y él respondió: «Sí, son mis pecados, se me escapan por detrás y yo no los veo, y ahora me habéis pedido que venga a juzgar a este hermano». Los hermanos callaron y perdonaron al pecador.

Si fuéramos conscientes del saco tan grande de pecados que llevamos encima, no tendríamos cara para juzgar a los demás, pero de esto nos olvidamos. Somos muy condescendientes con nosotros mismos porque nos creemos buenos. Recordar nuestra historia de pecado es algo muy sano.

Un corazón vacío

Somos vacío por llenar. Nuestro corazón está vacío y necesita llenarse, y ¿de qué nos llenamos? De todo, de objetos, de consumo, de comida, de personas… ¿Por qué buscamos tanto afecto, tanto cariño? Porque estamos vacíos y queremos a las personas para nosotros, nos apropiamos indebidamente de ellas, nos enganchamos. Si estuviéramos llenos del Espíritu Santo, llenos de Amor, llenos de la Palabra de Dios, ya no necesitaríamos nada más. Si yo estoy lleno, no tendré avidez por llenarme, luego la asignatura fundamental para evitar el pecado es llenarse de Dios. Es lo que describe muy bien **Ezequiel 47**, el río de agua viva que sale del Templo y que sanea, purifica las aguas del mar del Arabá. Nuestro corazón es como ese mar impuro que a base de llenarse del agua viva se va purificando. Cuando me lleno del Espíritu Santo la impureza se diluye.

¿Cómo nos cura Jesús?

«Jesús recorría toda Galilea, Enseñando en las sinagogas, proclamando la Buena Noticia del Reino, y curando toda enfermedad y toda dolencia en el pueblo. Su fama se difundió por toda Siria, así que le llevaron a todos los que tenían dolencias, a los que sufrían de diversas enfermedades y tormentos, a los endemoniados, lunáticos y paralíticos, y él los curaba. Y lo seguía mucha gente de Galilea, Decápolis, Jerusalén, Judea y del otro lado del Jordán»

Mt 4,23-24

«*Y él los curaba*». El máximo empeño de Jesús al empezar la vida pública es curar, sanar, expulsar demonios. En algunas ocasiones Jesús hace referencia a la fe de las personas: «*Tu fe te ha curado*». Pero en otras ocasiones no espera a que le pidan la curación. Le desborda el deseo de curar.

En Jn 5, **el paralitico de Betesda**, Jesús irrumpe en medio de los enfermos. Cuando se removía el agua de la piscina, el primero que se metía quedaba curado. Jesús se

91

acerca a aquel hombre que llevaba paralitico 38 años y le dice: «*¿Quieres curarte?*» y el hombre no contestaba, solo profería excusas, pero Jesús lo cura. Es una pregunta que Jesús nos la hace también a cada uno de nosotros: «¿Quiere curarte?». Lo único que desea es que a su lado nos contagiemos de su sanidad.

La mujer de las hemorragias (Mc 5,25) es otro ejemplo, la mujer tiene tanta necesidad de curarse y cree tanto que Jesús puede hacerlo, que aspira tan solo a tocarle el manto. El texto dice: «*Tocándole salió una fuerza de Él*». Jesús es la sanidad en persona, con solo tocarle nos sanamos. Por eso es bonito tocar o besar las imágenes, como hace la gente sencilla, porque tocar lo santo es una manera de sanarse.

A Jesús solo le preocupa nuestra salud. Casi todo el Evangelio de Marcos son curaciones. Jesús anuncia el Reino curando, comiendo con pecadores y lo describe con parábolas, pero, sobre todo, curando. La Iglesia es evangelizadora en la medida en que cura las enfermedades de sus contemporáneos.

Otro fragmento interesante en el que Jesús cura sin que se lo pidan es el **del paralitico traído entre cuatro** (Mc 9,2). El hombre estaba tan mal que le tienen que llevar a Jesús. Ésta es nuestra vocación: llevar a las personas a Jesús porque ellos solos no pueden ir. En la película *El hombre que hacía milagros,* cuando bajan al paralítico,

92

éste va diciendo: «No hay nada que hacer, no hay nada que hacer, no me puede curar, no puede cambiar...». ¡Esa es la enfermedad! Y Jesús le dice antes de que abra la boca: «*Tus pecados te son perdonados*». En la mentalidad judía el pecado y la enfermedad van juntos; se creía que la enfermedad era consecuencia de los pecados anteriores, por eso Jesús desata la esclavitud mental y el prejuicio religioso diciendo: «*Tus pecados te son perdonados*». Y enseguida le dice: «*Levántate y anda*». Se da una relación directamente proporcional entre la enfermedad espiritual y la enfermedad física.

¿Cómo nos cura Jesús?

De la enfermedad del engaño Jesús nos cura con la verdad, rehaciendo la verdadera imagen de Dios a través de la Escritura. El pecado deforma en nosotros la imagen de Dios y lo que hace Jesús en el Evangelio con su predicación es devolverle a Dios su verdadera imagen, que es Padre, que me quiere, que me regala su misericordia y su bondad, que solo busca mi bien... También nos cura del engaño sobre nosotros mismos ayudándonos a descubrir nuestra auténtica realidad a base de preguntas.

El vacío Jesús lo cura llenándonos con su Espíritu Santo, con sus dones, con la fuente de agua viva que es Él, el pan de vida, la vid verdadera. Relacionándome con Jesús en oración a través del Evangelio, me lleno de su

Palabra, de su rostro, de su mirada, de sus gestos, de su Ser... mi vacío se llena con Él. Solo Dios llena la infinitud del deseo de mi alma (san Agustín).

El pecado del olvido Jesús lo cura con el recuerdo, con la memoria. Toda la tradición bíblica recuerda lo que el Señor ha hecho por nosotros, recuerda el camino que nos ha hecho recorrer desde Abraham, Moisés... (Dt 8,2). Nos recuerda que somos hijos y no esclavos, que Dios nos ama, que estamos en casa.

La dureza de corazón la cura Jesús con preguntas que pinchan, que van directas como flechas a mi conciencia y rompen mi armadura de protección[14]: «*¿Quieres curarte?*», «*¿Por qué lloras?*», «*¿Por qué me pegas?*»

Al paralítico de Juan 5, Jesús le dice: *¿Quieres curarte? ¿De veras quieres curarte?* A veces preferimos vivir quejándonos que curarnos y caminar.

Al endemoniado de Gerasa Jesús le pregunta: «*¿Cómo te llamas?*». ¿Qué nombre tiene tu neura? Cuando le ponemos nombre a nuestras enfermedades, la mitad de la curación ya está hecha.

---

14. Un libro precioso sobre la curación de la dureza de corazón es: *El caballero de la armadura oxidada,* de ROBERT FISHER, Ed Obelisco. Va por la 16ª edición. Narra el itinerario de conversión de un caballero que se había creído tanto el papel, que se le pega la armadura al cuerpo y no puede salir.

A Adán Dios le pregunta: «*¿Dónde estás?*». A Caín: «*¿Por qué te irritas?*». ¿Por qué te entristeces? Son preguntas muy sanadoras.

A los discípulos de Juan (Jn 1,35) Jesús les pregunta: «*¿Qué buscáis?*». ¿Qué queréis de verdad? ¿Cuál es vuestro deseo más profundo? También nos lo pregunta a nosotros: ¿Cuál es tu deseo verdadero?

Al ciego de Jericó (Mc 10,51): «*¿Qué quieres que te haga?*», «*¡Señor, que vea!*». ¡Que oración tan bonita! Normalmente pensamos que la vida cristiana consiste en ¿qué tengo que hacer? como el joven rico. Pero Jesús le dice: «solo tienes que venir conmigo». La vida cristiana consiste en preguntarse: ¿Qué busco? ¿Qué quiero que me haga Jesús?, consiste en dejarse hacer, dejarse amar (Ap 3,20).

A Judas que le está traicionando le dice: «*Amigo, ¿con un beso entregas al hijo del hombre?*». Con la palabra intenta hacerle cambiar, pero respeta su libertad y no le fuerza.

A María Magdalena: «*¿Por qué lloras?*». Y ¿por qué lloro yo? ¿Tengo motivos para llorar? A veces lloramos por motivos inexistentes.

Estas preguntas agrietan nuestra dureza de corazón y nos ponen en la verdad. Vivir en la verdad tiene un precio, es ir desnudamente; no podemos ocultar nada a Jesús; a Él lo que más le duele es la hipocresía, ya que es la pantalla de inautenticidad que ponemos ante Dios para que no nos toque el corazón. Jesús critica duramente a las personas religiosas de su época por la falta de sinceridad. Al hombre le cuesta mucho aceptar la verdad. Decía Jiménez Lozano[15] que somos muy refractarios a la realidad, solo soportamos un siete por ciento.

A la mujer adúltera (Jn 8,10) Jesús le pregunta: «*Mujer, ¿dónde están tus acusadores?*». «*Yo no te acuso*». Sentir esa mirada de Jesús ante mi pecado es lo más liberador que podemos experimentar.

Al guardia de Caifás en la pasión (Jn 18,23) le dice*: «¿Por qué me pegas? Si he hablado mal dime en qué, pero si he hablado bien ¿por qué me pegas?*». Desmonta la violencia de aquel hombre con su palabra firme y clara.

A los discípulos les dice: «*¿También vosotros me queréis dejar?*» (Jn 6,67).

A Marta (Lc 10,41): «*Marta, Marta, estás preocupada y nerviosa por muchas cosas, cuando solo una es necesaria*».

A los obreros de última hora (Mt 20,15): «*¿Tu ojo es malo porque yo soy bueno?*», «¿Tienes envidia porque soy generoso?».

O con los discípulos de Emaús (Lc 24,13), lo primero que hace Jesús resucitado con los dos discípulos que vuelven frustrados y desanimados, es preguntarles: «*¿Qué ha*

---

15. Escritor castellano, premio Cervantes, autor de bellos cuentos, novelas y ensayos.

96

pasado?». Jesús se hace el encontradizo, se pone a caminar con ellos (para curar a alguien hay que caminar con él, acompañarle, escucharle). Y les pregunta: ¿qué ha pasado? Así se desahogan. No han escuchado a las mujeres, porque están tan convencidos de que la verdad es lo que sienten dentro, que nada de lo externo les afecta. Jesús les deja desahogarse y, cuando se han desahogado, les explica todos los lugares de la Escritura que hablaban de Él y desde allí da sentido a los acontecimientos presentes. Es el Resucitado quien nos interpreta las Escrituras. Y luego se les abrieron los ojos cuando partía el pan. Y de la alegría que tenían, salieron corrieron a anunciarlo… Esto es la evangelización, anunciar la Buena Noticia. Y decían: «*¿No ardía nuestro corazón cuando nos explicaba las Escrituras?*». ¡Qué importante es que arda nuestro corazón para poder encender el de los demás!

Dejarme impactar por las preguntas de Jesús es una buena terapia para desenmascarar mis engaños y dejarme curar.

Toda la tradición cristiana opone el árbol del paraíso, al árbol de la cruz, al árbol del que se deja colgar Jesús, que cura el árbol del pecado. La vergüenza y desnudez de Adán la cura Cristo dejándose colgar desnudo por amor. El orgullo de querer saber más que Dios, se cura con el abajamiento y la humildad de Jesús que nos lava los pies;

97

su mansedumbre y sus heridas curan el orgullo y el delirio del hombre (Fil 2, 6; Jn 13,1; 1Pe 2,21).

La humildad de Dios cura nuestro orgullo y soberbia, arrodillándose delante de nosotros para conmover nuestras entrañas.

Dios cura nuestro pecado y nuestra mezquindad con su sobreabundancia, con los banquetes, las comidas con los pecadores, la multiplicación de los panes.

Jesús nos cura poniendo amor donde se ha recibido odio: «*Padre, perdónalos porque no saben lo que hacen*». A los discípulos, en Juan 21, no les echa nada en cara y a Pedro solo le dice: «*¿Me amas?*». Jesús no nos pide que seamos buenos o coherentes, sino que únicamente nos pregunta: ¿me amas?

Y, en el Sermón de la Montaña, el núcleo está en amar a nuestros enemigos, «*así seréis como vuestro Padre celestial que hace salir su sol sobre buenos y malos y hace llover sobre justos i injustos*» (Mt 5,45).

Seguimiento de Jesús

En la película *Jesús de Nazaret* de Franco Zefirelli, la escena de la mujer prostituta de **Lucas 7,36** está muy bien representada. Vemos como Jesús está cenando en casa de Simón el fariseo. En la escena anterior ella, siendo una pecadora, recibe un trozo de pan en la multiplicación de los panes y, conmocionada, durante la cena aparece para agradecer a Jesús su amor incondicional. Y se atreve a todo, entra en la cena –que estaba prohibido para las mujeres– llena de hombres religiosos y se pone a los pies de Jesús para besárselos y ungírselos con perfume.

Jesús no se espanta, no se escandaliza como los fariseos, capta el corazón de aquella mujer, amante, agradecida y le deja hacer, aunque sean gestos atrevidos, propios de una mujer de la vida, al contrario de Simón, el hombre religioso, que se escandaliza. Jesús tiene una pedagogía especial, porque si hubiera reprendido a Simón, éste se hubiera puesto a la defensiva, pero le dice: «*Simón, he de hacerte una pregunta*» y Simón dice: «¡Oh maestro!

99

¡Qué honor! Dime». Y le dice Jesús: «*Dos hombres debían dinero a un prestador, uno quinientos denarios y el otro cincuenta; a los dos les perdonó porque no podían pagar, ¿quién de los dos crees que le amará más?*». «Elemental, le amará más aquel a quien se le perdonó más», responde Simón.

Y cuando Simón se ha pronunciado públicamente, Jesús le dice: «*Simón, cuando entré en tu casa tú no me diste el beso de bienvenida. Esta mujer, desde que ha entrado, no ha parado de besarme los pies. Cuando entré en tu casa, no me ungiste la cabeza con óleo perfumado (signo de hospitalidad), esta mujer no ha parado de ungirme los pies con perfume. Cuando entré en tu casa no me lavaste los pies (signo elemental de hospitalidad), y esta mujer no ha parado de lavármelos con sus lágrimas y secarlos con sus cabellos*». Ama mucho porque se le ha perdonado mucho. Y la conclusión queda implícita: «*Tú, Simón, no amas porque crees que no se te tiene que perdonar nada*».

Los fariseos, como piensan que cumplen, que son buenos, se creen con derecho a juzgar y rechazar a los pecadores. Esta mujer, a la que se le ha perdonado mucho, ahora amará como una loca, como María Magdalena. Se es discípulo por agradecimiento.

Contemplad la escena, «como si presente me hallara», metiéndome en la cena con Jesús, identificándome con Simón o con la pecadora.

Otro discípulo que lo ha dejado todo para seguir a Jesús es el **ciego de Jericó** (Mc 10,46). Al final, cuando Jesús le ha devuelto la vista, dice el texto: «*Le seguía por el camino*», el camino de la cruz. La escena es muy bonita, está dibujada, pintada. Jesús atraviesa Jericó, camino de Jerusalén, acompañado de mucha gente y Bartimeo, el ciego, está postrado, deprimido, triste, apartado del camino, marginado por los habitantes de Jericó.

Al sentir que pasa Jesús, el murmullo de Jesús (como nosotros en la oración), empieza a gritar: «*¡Jesús, hijo de David, ten compasión de mí!*». Y le dicen: ¡calla, que tú no te lo mereces! Y él lo que hace es chillar más fuerte. Siempre que nosotros en la oración suplicamos de verdad, hay pajarracos que nos intentan convencer de que no recemos así, de que callemos, son malos espíritus; es mejor no hacerles caso, y gritar más fuerte.

El ciego grita y Jesús se da cuenta porque vive despierto, se da cuenta de lo que ocurre a su alrededor, como con Zaqueo o la viuda del Templo. Y dice: «*Llamadle*» y le dicen al ciego: «*Levántate, el maestro te llama*», y con solo oír eso, tira el manto, sus ataduras y protecciones, y va a tientas hacia Jesús, siguiendo solo la voz. Cuando llega delante de Jesús, escucha las palabras más bellas que uno pueda escuchar: «¿*Qué quieres que te haga?*».

Jesús nos dice a cada uno de nosotros: ¿Qué quieres que te haga? «*Rabí haz que vea*», que soy ciego, que no veo bien, que me creo mis pensamientos, abre mi vista para que vea con tu mirada. Y Jesús se lo concede al instante y dice el texto: «*y lo seguía por el camino*».

Es un enfermo sanado y convertido en discípulo. Los discípulos de Jesús somos enfermos sanados o pecadores perdonados que, por agradecimiento, le seguimos.

El endemoniado de Gerasa (Mc 5,9) es una descripción fantástica. Es un hombre degradado, que vive en cuevas sepulcrales, come mal, se pega a sí mismo. El autoodio es una característica del hombre pecador, el enemigo de la natura humana, signo del mal espíritu que hace que nos maltratemos. Como todos los vecinos de Gerasa le miraban mal, se había creído que era malo y, cuando encontró la mirada nueva de Jesús, que no lo miraba como un pecador sino como un enfermo, empezó a cambiar por dentro. Según somos mirados, así nos miramos. Y entonces empieza la curación, no sin resistencia, porque cuando Jesús se acerca, este hombre grita ¡vete, vete, no quiero ser curado! Porque cuando nos ponen agua oxigenada en la herida, pica y preferimos no ser curados. El hombre viene corriendo y se postra ante Jesús; los demonios reconocen que Jesús es divino. Y luego Jesús le dice: «*¿Cómo te llamas?*». ¿Qué nombre tiene tu neura? Y el pobre responde: «*Legión porque somos muchos*». Jesús le cura y el hombre de Gerasa quiere seguirle, pero Jesús le dice que no. No todo el mundo es apto para ser discípulo de Jesús.

Otro discípulo que no sigue a Jesús es el **joven rico** (Mc 10,17). Se fue triste porque tenía muchas riquezas. Seguir a Jesús es dejarse hacer en primera instancia, pero este joven quería hacer él: «*¿Qué tengo que hacer para obtener la vida eterna?*», le pregunta a Jesús. Y Jesús le dice: «*cumple los mandamientos*». Y el joven le responde: «*Ya he cumplido todo eso desde joven*». Y Jesús lo miró con amor, con una mirada tierna, llena de bondad. Entonces le dice: «*Solo te falta una cosa; ve, vende lo que tienes y dáselo a los pobres, así tendrás un tesoro en el cielo, y luego ven y sígueme*». Ven conmigo, y ya iremos decidiendo, a medida que caminemos, que hay que hacer.

De ahí la dificultad y lo que hace que muchos cristianos vuelvan al Antiguo Testamento, a las normas, a la moral, al cumplimiento. Con Jesús, lo que hay que hacer no está preestablecido y, yendo con él cada día, hay que inventar, discernir, interpretar el Espíritu en las mociones interiores, en los signos de los tiempos y en la Sagrada Escritura. Ser discípulo es ir con Jesús: «*Escogió a doce para que estuvieran con él y enviarlos a anunciar la Buena Noticia»* (Mc 3,14).

Hemos situado aquí precisamente estas meditaciones porque a Jesús no se le sigue por mandato, por obligación, sino por enamoramiento: un enamoramiento loco que se fragua en la fascinación que Jesús ha ejercido sobre mí durante estos ejercicios. Nos ha ido purificando el corazón para hacernos ver mejor, para que podamos conocerle mejor.

El reino

«No temas, pequeño rebaño,
porque vuestro Padre se complace en daros a vosotros
el Reino»

Lc 12,32

Hoy os sugiero rezar el Padrenuestro, repitiendo palabra por palabra: ¡Padre! Repetir hasta que me canse... «que estás en los cielos…, santifica tu nombre, santifica tu nombre…». Podéis estar un rato dándole vueltas a esta simple frase: «venga tu Reino, venga tu Reino…». Al repetir estas frases la oración se me da de otra manera: «Ven a reinar en mi vida, que Tú seas mi único rey y que Tú seas el criterio de toda mi actuación». Es una manera muy sencilla de rezar, que se puede hacer con el Padrenuestro, con el Ave María, con el Magníficat, con el Benedictus o con cualquier otra oración que conozcáis de memoria, lentamente, repitiendo la frase que más nos engancha. Son pequeños recursos para cuando «la loca de la casa»[16] se nos descontrola.

Hoy vamos a seguir contemplando a Jesús: sus actitudes, sus criterios, para que nos contagiemos. Santa Clara tiene unas cartas muy bonitas a santa Inés de Praga donde le dice: «*Mírate en el espejo de Jesucristo*», no en un espejo como en el que vemos nuestra cara sino en un espejo que son los gestos, las palabras, las actitudes de Jesucristo. «*Contempla ahí tu verdadero rostro*» afirma.

Mi verdadero rostro es el de Jesús. De manera que cuando se mezclan las actitudes de Jesús con mi ser, allí nace mi verdadero yo; nunca soy tan yo como cuando estoy unido a Jesús. La contemplación consiste en mirar, meterse dentro de la escena, y relacionarme con Jesús, fijándome en sus gestos y palabras y dejándome impregnar, para que se me contagie lo que estoy contemplando.

Jesús irrumpe en la vida pública, anunciando el Reino de Dios, y lo anuncia de tres formas diversas. Una de ellas, que ya hemos visto, es curando a la gente: «*Los ciegos ven, los cojos caminan, los leprosos quedan limpios...*» (Mt 11,4).

De esta manera cumplía las profecías de Isaías 35,5-6, que ya había dicho que, en la plenitud de los tiempos, cuando viniera el Mesías, los ojos de los ciegos se abrirían

---

16. Así llama santa Teresa de Jesús a la imaginación y sus distracciones.

106

y los cojos caminarían. Pero no olvidemos que las curaciones de Jesús son algo pequeño: no curó a todos los ciegos, ni a todos los paralíticos ni a todos los leprosos. Todo lo que hace Jesús respecto al Reino es pequeño y no espectacular. Por eso Juan Bautista, cuando está en la prisión envía a sus discípulos a preguntarle: «*¿Eres Tú el que ha de venir (el Mesías), o hemos de esperar a otro?*». ¿Por qué lo pregunta? Porque los signos son muy pequeños y Juan Bautista esperaba un Mesías fuerte, poderoso, que expulsara a los romanos, que restaurara la teocracia. Pero, aunque los signos sean pequeños, el Reino de los cielos ya ha comenzado en esta tierra.

La segunda forma de anunciar el Reino por parte de Jesús la constituyen las comidas, los banquetes. Jesús se pone a la mesa con todo el mundo, con los fariseos, que eran gente buena, gente religiosa, aunque rígidos en el cumplimiento de la Ley. También se pone a la mesa con los suyos, naturalmente, y se pone a la mesa con los pecadores, con los marginados, con los que nadie quería; y esto es contracultural, escandaloso en su sociedad, pero es profundamente significativo porque, en la cultura judía, aquel con quien yo me siento a comer es mi amigo y, además, cuando como con alguien le estoy diciendo: todo está olvidado, estamos reconciliados. Comer con alguien es decirle: eres mi amigo y todo está perdonado. Luego Jesús, al sentarse a la mesa con los pecadores, estaba diciendo: «Vosotros sois mis amigos y todo está perdonado». Eso es una parábola del Reino, porque el Reino de los Cielos será un banquete (Lc 14,15).

Por lo tanto, Jesús en los banquetes que celebra con los hombres, les hace probar ya aquí el Reino de los Cielos. No hay nada más gratuito que el comer con los amigos. No se come con ellos porque sean buenos, se come con ellos porque son amigos. Igual que a la mesa del día de Navidad se sienta toda la familia, pero no por sus virtudes ni porque sean buenos, sino porque son hijos, porque son de la familia. Esa es la mentalidad de Dios que es Padre, y es feliz de tener a todos sus hijos alrededor de la mesa.

La tercera manera de anunciar el Reino es escogiendo a doce apóstoles, como signo profético de la reunión de las doce tribus de Israel. Creían los judíos que, con la llegada del Mesías, las tribus de Israel se volverían a reunir. Ahora estaban dispersas y había muchas peleadas entre ellas. Jesús, al escoger doce hombres y muy distintos entre sí, está creando una parábola del Reino de Dios, es decir, que la comunidad de los doce con Jesús ya representa el Reino de los Cielos presente. ¿Y por qué Jesús los escoge tan diversos y contrapuestos entre ellos? Para que se peleen, así de claro, para que se peleen y se reconcilien. La comunidad es el lugar de la reconciliación, y nuestra vocación en la Iglesia es ser signos de reconciliación. Porque si las personas, que somos tan diversas, tan diferentes y tan contrapuestas de culturas y mentalidades, podemos convivir, es señal de que Jesús está entre nosotros.

Por lo tanto, nuestra comunidad es signo del Reino de Dios por el simple hecho de vivir en fraternidad. Por eso es tan importante luchar y trabajar para reconciliarnos, para comunicarnos, para convivir, porque haciéndolo así somos signo visible del Reino de Dios.

Jesús, con sus parábolas, nos describe cómo es ese Reino. No olvidemos que nunca nos dice lo que es el Reino; siempre queda en el misterio. Pero dice que: «Se parece a...», «es como...», «pasa con el Reino como con...» y siempre, en las comparaciones que hace, no dice que el Reino sea como un grano de mostaza, o como la levadura, dice: «Es como una mujer que coge un poco de levadura, lo mete en la pasta y la pasta crece». El Reino de Dios es dinámico, es un acontecimiento, por eso hay que narrarlo.

La más importante de todas, la más significativa de las parábolas es aquella que dice que el Reino de los Cielos se parece a un hombre que está caminando por el campo y se encuentra un tesoro escondido (Mt 13,44). No lo busca, se lo encuentra, y es tal la alegría, que lo tapa en seguida y va a vender todo lo que tiene para comprar ese campo. El Reino de los Cielos es un encuentro gozoso, fascinante, entusiasmante. Es tan valioso que nos hace venderlo todo. La renuncia es posterior al encuentro. El encuentro con Jesús, con sus criterios y su Reino es lo que nos hace renunciar a lo que teníamos. El joven rico no descubrió el tesoro porque no se encontró con la mirada de Jesús, pensaba que tenía que hacer cosas para ganarse el amor de Dios. Y como no encontró el tesoro, no pudo renunciar a sus riquezas. Todo el esfuerzo de la vida cristiana consiste en redescubrir el tesoro.

Entonces, ¿qué quiere decir encontrarse con Jesús y sus criterios, o sea, encontrar el tesoro? *Primero* saberse amado incondicionalmente, ese es el gran tesoro: la mirada de Jesús a Zaqueo, a la mujer adúltera, a María Magdalena, a los discípulos de Juan... ¿Recordáis la experiencia de Jesús en el bautismo?: «*Tú eres mi Hijo amado, en ti me complazco*». Esta es la experiencia que Jesús ha venido a comunicar, que Dios se complace en nosotros, que nos ama incondicionalmente: haga yo lo que haga, aunque le olvide, Dios sigue amándome. Acordaos de Oseas con su esposa, así es de fuerte el amor de Dios.

El *segundo* aspecto del tesoro, es encontrar una fraternidad donde compartir. Jesús nos pone en comunidad no solo para pulirnos, que también, sino para vivir el gozo de la familia, el gozo de la fraternidad. La comunidad es la buena noticia del cristianismo y, a pesar de todo, a pesar de que nos cueste convivir, la comunidad es un lugar de alegría. Hay momentos de encuentro, de solaz, de risa compartida. La comunidad forma parte del tesoro del Reino de Dios. Jesús quiso expresamente, antes de empezar a predicar, escoger discípulos, porque la comunidad es consustancial al anuncio del Reino de Dios. En el Evangelio de Marcos, Jesús aparece constantemente con los apóstoles, y lo subraya el evangelista: «Jesús y sus apóstoles», «fueron Jesús y sus apóstoles». Jesús no hace nada solo, todo lo hace con los apóstoles. La comunidad es consustancial al cristianismo.

El *tercer* elemento del tesoro de Jesús es la reconciliación, el perdón. El cristianismo es la religión que valora el perdón, seguramente la única. Los creadores del diálogo interreligioso son los cristianos. ¿Por qué? Porque somos semilla de reconciliación dentro de nosotros y en el mundo. Dios es así, es perdón, es reconciliación, es acogida incondicional. Estas son las grandes notas del tesoro.

Los criterios de Jesús son fascinantes, sorprendentes, pero profundamente bellos, por ejemplo: los pequeños son los preferidos, los que no cuentan son los más importantes. En Mateo 11,25 o en Marcos 10,13 encontramos las dos escenas con los niños; cuando le traen los niños a Jesús los abraza. Y los apóstoles les apartan diciendo: «No molestéis». En la cultura semítica, los niños no cuentan, son un estorbo, y Jesús les dice: *«Dejad que los niños se acerquen a mí»*. En el mundo judío del siglo

I, esto es profundamente contracultural porque el niño no servía para nada hasta los doce años. Era alguien que no contaba, despreciable, que se le marginaba. Que Jesús ponga un marginado en el centro ¡es sorprendente! Porque luego dice que el discípulo, si no se hace como un niño, no entrará en el Reino de Dios. Esto es escandaloso: el modelo de discípulo es alguien que no puede, que no sabe, que todo lo pide y... no puede cumplir la Ley. Los criterios de Jesús nos sacan de nuestros esquemas.

Jesús es muy revolucionario: «*Te bendigo, oh Padre, Señor de los cielos y de la tierra, porque has revelado estas cosas, no a los sabios y entendidos sino a los nepioi*» (Mt 11,25). Luego ha revelado los secretos del Reino a los que no saben, a los «*nepioi*» que son los que no tienen estudios, los iletrados, los simples.

El Papa Benedicto XVI, que tenía un gran sentido del humor, les predicó este evangelio a los miembros de la Comisión Teológica Internacional, los grandes teólogos que asesoran al Papa. Y les dijo: «En doscientos años ustedes nos han enseñado muchas cosas, pero ninguno de ustedes ha llegado a la profundidad espiritual de santa Teresita del Niño Jesús, de la Madre Teresa de Calcuta o de Bakhita, porque Dios se revela a los pequeños». Decirle esto a los mejores teólogos de la Iglesia transparenta un sentido del humor inmenso. Jesús lo hacía así. Y, si miramos en nuestras comunidades, las personas que más

112

transparentan a Dios son las más sencillas: las ancianas o las hermanas que ya no pueden dar clase y están en la portería, las que cuidan de la cocina. Los pequeños son los primeros, los que nos muestran lo esencial del Reino de los Cielos. Jesús es fascinante, nos saca de nuestros esquemas.

Alrededor del Reino, Jesús dice que se manifiesta en lo que es insignificante: se parece a alguien que plantó un grano de mostaza, a la levadura que una mujer puso en la masa; es pequeño, casi invisible. El Reino crece solo, sin que sepamos cómo (Mc 4,26). No soy yo quien hace crecer a Dios en el corazón de los alumnos, o en la cate-quesis, en la pastoral o en las predicaciones: es Dios. Por tanto, tranquilos, es Él quien hace crecer y dar fruto, a su debido tiempo. Si yo estirase una flor para que creciese, la rompería. Y da fruto según el terreno (Mt 13,1) pero da fruto seguro: treinta, sesenta o cien. El trigo convi-ve con el mal, con la cizaña, hasta el final de los tiem-pos y eso nos cuesta mucho. Dentro de nosotros también quisiéramos quitar el mal, sin saber que quitando el mal podemos arrancar el bien. Han de convivir juntos. A ve-ces nos cuesta aceptar las miserias de la comunidad o las miserias de la Iglesia, pero es que no podemos quitarlas porque, si las quitamos, igual nos llevamos mucho trigo por delante. Es la gran sabiduría de Jesús: «*Dejad que crezcan juntos hasta la siega*».

El Reino tiene cosas antiguas y cosas nuevas, igual que el escriba que saca del cofre cosas antiguas y cosas nuevas. No todo lo antiguo es malo y no todo lo nuevo es estupendo, hay cosas antiguas que conviene conservar y cosas nuevas que hay que evitar; aquí está el discernimiento. El Reino es de los pobres, de los que no cuentan, de los que sufren, de los abandonados, de los que nadie quiere, por lo tanto, nos interesa tratarlos bien porque ellos son los propietarios del Reino.

Aquella parábola que nadie entiende, la del administrador astuto (Lc 16,1) tiene precisamente este mensaje. Jesús alaba la astucia del administrador: en el momento en que sabe que va a perder el trabajo, se gana amigos, aunque sea fraudulentamente, para cuando le despidan. A los acreedores de su jefe les deja que paguen la mitad del recibo que le debían, entonces se crea amigos para que, cuando lo despidan, encuentre quien lo reciba en su casa. Jesús hace un paralelismo entre esto y el Reino, porque en tiempos de Jesús pensaban que el Reino de Dios vendría en seguida, en aquella generación. Entonces Jesús dice: «*Ganaos amigos, para que cuando esto se acabe, tengáis quienes os acojan en las moradas eternas*». ¿Y quiénes son esos amigos que hay que ganar? «*Bienaventurados los pobres porque vuestro es el Reino de los cielos*», por lo tanto, si el cielo es de los pobres –lo dice Jesús–, nos conviene ser amigo de los pobres, tratarlos

114

bien porque, cuando esto se acabe, tendremos amigos en el cielo. Nos interesa estar cerca de los pobres y hacerles el bien porque así tendremos enchufe en el cielo. Es la lógica de Jesús.

Bueno, aquí tenéis unas cuantas pinceladas del Reino de Dios, escoged el aspecto que os haya tocado más. Escoged la parábola que queráis en Mateo 13, o en Marcos 4; retened los aspectos que os hayan gustado. Y, si se os va la mente y os distraéis, leed poquito a poco el Sermón de la Montaña o las Bienaventuranzas (Mt 5), escuchando con atención lo que se dice y meditándolo en el corazón.

Jesús es fascinante

«…Nadie ha hablado nunca como este hombre…»

Jn 7,46

Estamos invitados estos días, sobre todo estos últimos días, a experimentar el conocimiento interno de Jesús, contemplativo, profundo, íntimo, que se fija en sus gestos, en su manera de hacer. De hecho, Jesús vino a Galilea y sigue viniendo a mi vida, ahora como Resucitado, hasta que me dé cuenta, le abra la puerta y le deje entrar. Dice aquel texto tan precioso del Apocalipsis 3,20: «*Mira, estoy llamando a tu puerta constantemente y (tú no te das cuenta), si escuchas mi voz y abres la puerta… entraré y cenaré contigo y tú conmigo*». Se nos invita a cenar con Jesús, a estar toda la tarde en su compañía, como aquellos discípulos del evangelio de Juan (Jn 1,35ss) que estuvieron con Él, saciándose de su presencia, escuchándole, haciéndole preguntas.

117

¿Y cómo es Jesús? Jesús es una persona de la cual uno se enamora con facilidad, Jesús es fascinante, atractivo. ¿Cómo es la persona de Jesús?

De entrada, tiene una mirada distinta de la nuestra, no mira cómo miramos la realidad nosotros y tiene unos criterios muy diferentes a los nuestros. En la confesión de Cesarea (Mc 8,31), Jesús integra el sufrimiento y la muerte en su vocación, y Pedro le dice: «No, no puede ser, esto no te puede pasar a ti». Vemos el contraste entre la mirada de Jesús y la nuestra, pero no solo en las cosas grandes e importantes. Jesús es una persona que se fija, que se da cuenta de lo que ocurre a su alrededor, es capaz de contemplar los lirios del campo y los pájaros del cielo y cómo crecen las semillas. Es una persona que se da cuenta de las necesidades de las personas, como con Zaqueo, como con el paralítico, como con la viuda que pone en el cepillo del Templo dos moneditas. Jesús es un hombre que vive despierto, que ve la realidad desde el fondo de verdad que reside en ella. En la comida en casa de Simón el fariseo, Jesús se da cuenta de las intenciones y del amor profundo de aquella mujer prostituta que le besa los pies. Jesús es muy sensible al amor, a la vibración interna de las personas, a la compasión.

Jesús hace y dice lo que cree que tiene que hacer y decir, prescindiendo de lo que digan y piensen los demás. Jesús es un hombre de convicciones sólidas, fiel a la

118

propia conciencia. Le da igual lo que piensen de Él. Impresiona muchísimo la conversación con Pilato, cuando ya se sabe condenado, Jesús desvela la verdad: «*Sí, Tú lo dices, yo soy Rey*» (Jn 18,37).

De Jesús lo que sorprende y atrae es su sobriedad, no solo en la forma de vida, muy sencilla, pobre pero libre: banquetea cuando conviene y ayuna cuando hace falta. Es también una persona sobria en palabras. En el Evangelio las frases de Jesús son lapidarias, es decir, son palabras densas pero breves. Jesús no es un predicador charlatán y esto no es secundario. Cuando enseña el Padrenuestro dice: «*No hagáis como los paganos, que por mucho hablar piensan que van a ser más escuchados*». La oración no necesita de muchas palabras. Cuando Jesús enseñó el Padrenuestro, se inspiró en el *Qaddish,* una oración de la Sinagoga, que dice: «que su gran nombre sea exaltado y santificado, en el mundo que Él ha creado de acuerdo a su voluntad». Y Jesús dice: «Santifica tu nombre» y punto. Con el Reino igual: «y quiera Él establecer su Reino en los días de tu vida y durante tus días…». Y Jesús dice: «Venga tu Reino», es sobrio en palabras. Si una cosa se puede decir con cinco palabras no la dice con veinticinco y esto no es secundario. Toda la tradición monástica, toda la tradición espiritual cristiana valora el silencio y la sobriedad de palabras, pero palabras profundas. Nosotros teníamos a fray Pere, un frailecillo sencillo, un hombrecillo rudo, leñador, que cuidaba la huerta del convento. Un hombre de mucha oración, taciturno, no hablaba mucho pero cuando hablaba... todos se quedaban admirados, porque salían de su boca palabras profundas, densas, pastadas en la oración. Es todo lo contrario a nuestro mundo de hoy, donde si algo sobran son palabras y palabras vacías. Jesús es lapidario, tiene frases que son para ponerlas en una inscripción de piedra: «*Quien esté libre de pecado, que tire la primera piedra*»; «*Misericordia quiero y no sacrificios*»; «*Dad al César lo que es del César y a Dios lo que es de Dios*».

Al mismo tiempo, Jesús es un hombre profundamente afectivo: se emociona, llora ante la muerte de Lázaro, se conmueve con el paisaje, se afecta, con un estremecimiento de compasión ante el sufrimiento de las gentes, de los pobres, de los enfermos, se deja tocar por las mujeres. Jesús es un hombre a quien le vibra enormemente el corazón. Es muy familiar, vivió en Nazaret, en un clan familiar con muchas relaciones, no vivía solo con José y María. Le gusta fomentar esa familiaridad con Marta y María en Betania, se deja acoger cuando va por los caminos de Galilea, le gusta sentarse a la mesa y disfrutar de la comensalidad, compartir, comunicarse, reír, brindar. Le encanta la sobremesa. Acordaos que en una ocasión sus enemigos dicen de Él: «*Aquel comilón y, bebedor, amigo de las prostitutas y pecadores*», si lo dicen, aunque

120

es exagerado, tiene que ser verdad porque es algo que va contra los intereses de los que escriben los evangelios.

A Jesús le gusta la gratuidad, los momentos gratuitos de la vida, las comidas, la fiesta, la conversación... Fijaos que los contemplativos, que son un poco el corazón de la Iglesia, son totalmente «inútiles», porque ¿para qué sirve un monje? Para nada, es como el florero encima de una mesa, hace bonito, pero no «sirve» para nada. Y es verdad, cuando vino la Revolución Francesa cerraron todos los conventos, porque no eran productivos. La no productividad, la gratuidad es característico de gente cristiana; ahora lo que se valora es la eficacia, el trabajo, la eficiencia. Esa mentalidad pagana se nos contagia en los conventos y si algún hermano no hace nada, no trabaja, no rinde, no produce... se le critica. Esto es una mentalidad pagana. Mientras haya comida para todos no hace falta trabajar a tope, esa es la mentalidad de Jesús. En el paraíso el designio de Dios es este: regalarnos el jardín del Edén para que disfrutemos y lo cuidemos. ¡Qué trabajo más bonito para una persona, cuidar el jardín! Es un hobby, casi no es trabajo.

Jesús, sobre todo, es un hombre libre. La experiencia que tiene del Padre le hace relativizar todo: la ley, las normas, las costumbres, los rituales de pureza, todo lo que no está en sintonía con el amor de Dios. El único criterio es el amor, el bien del hombre, todo lo que no vaya en sintonía con eso, lo relativiza. No obstante, Jesús no ha venido a abolir la ley, ha venido a darle cumplimiento, a llevarla a la plenitud. El amor es la plenitud de la ley porque el que ama ya no necesita normas. ¿Por qué? Porque el amor no tiene límites. Todo el Sermón de la montaña está resumido en esta frase: «El amor es la plenitud de la ley, es la nueva ley». Si pensamos como los fariseos y los escribas, no podemos entrar en el Reino de Dios (Mt 5,20).

Jesús es un hombre pleno e irradia esa plenitud: «*De su plenitud todos hemos recibido gracia sobre gracia*» (Jn 1,16). Quien se acerca a Jesús se contagia de su plenitud, por eso os sugiero que, en diálogo personal con Jesús, a través de unos textos de san Juan preciosos, os dejéis llenar de su plenitud, como la Samaritana, como Nicodemo, como los discípulos de Juan. Es en diálogo con el rostro, con las palabras, con la persona de Jesús, en la oración, cómo nos llenamos de su plenitud a través del Espíritu Santo. Esta plenitud, esta conciencia de estar «injertado» en el Padre, le hace relativizar toda la realidad y, por eso, Jesús es un hombre de un gran sentido del humor. Claro, el humor viene de poder relativizar las cosas, pero para relativizar hay que absolutizar una. Si yo estoy en Alfa Centauro y desde allí arriba miro lo que hacemos aquí abajo, la seriedad e importancia que le damos, me río a carcajada limpia al pensar: «¿no te das

122

cuenta de que eres una pulga?». Aquel hombre de los graneros que había recogido el doble en sus cosechas: «¡Qué bien me lo voy a pasar!». Y construye graneros más grandes para almacenar el grano... ¡Insensato! Te vas a morir esta noche (Lc 12,16). ¿Para quién será todo esto? ¿Por qué no cultivaste tesoros en el cielo? Esto es para reírse, y es que Jesús tiene un gran sentido del humor.

Finalmente, Jesús vive configurado por su misión, la que le ha encargado el Padre. En este sentido, Abbá y Reino son las dos caras de una misma moneda. El Abbá de Jesús, la intimidad con el Padre, la descubrimos por lo que hace, por lo que dice, en las parábolas y en sus gestos, porque no hay ningún padre de este mundo que actúe como el Padre de la parábola del Hijo pródigo. ¿De dónde saca esto Jesús? De la intimidad con su Padre. No hay ningún empresario que pague igual al que trabaja una hora que al que trabaja doce. ¿Por qué dice eso Jesús? Porque conoce a su Padre. Luego Abbá y Reino son las dos caras de la misma moneda.

Textos para contemplar

La Samaritana (Jn 4). Jesús se sienta cansado, Juan que nos presenta un Jesús tan divino, tiene unos detalles de humanidad fantásticos. Dice: «*Jesús se sentó cansado*». Y entonces llega esta mujer samaritana. Los samaritanos no se hablaban con los judíos, estaban enemistados porque los samaritanos eran extranjeros que habían repoblado el Reino del Norte durante la invasión de los asirios (hacia el 721 a.C.), por eso eran considerados judíos impuros.

Esta mujer samaritana se acerca y Jesús no se va. Que una mujer estuviera sola con un hombre estaba muy mal visto en aquella época. Ya de entrada es algo que sorprende. Jesús, como con la mujer prostituta, no se espanta, se queda tranquilo hablando con la mujer. Y fijaos qué bonita es la conversación. Jesús le dice a la samaritana: *«Dame de beber»*. Jesús pide, necesita, se deja ayudar y la mujer se sorprende: *«¿Cómo tú siendo judío me pides agua a mí que soy samaritana?»*.

Y empiezan ya las frases de Jesús: *«Si conocieras el don de Dios»*. Es lo que hemos hecho en estos días, profundizar en cómo es el don de Dios: *«Si conocieras el don de Dios y quién es el que te pide agua, eres tú quien le pedirías agua viva»*, *«Señor, no tienes con qué sacarla, y el pozo es hondo»*. Entonces dice Jesús lo más bello: *«Todo el que beba de esta agua volverá a tener sed, pero el que beba del agua que yo le dé, nunca más tendrá sed, sino que dentro de sí se convertirá en una fuente de agua que brota para la vida eterna»*.

En Juan 7 lo tenemos reproducido todavía mejor. Jesús, en el centro del templo el día más importante de

124

la Fiesta de los Tabernáculos, la fiesta del agua,[17] dice: «*Quien tenga sed que venga a mí y beba, de su interior brotaran ríos de agua viva*», o sea, que el agua que Jesús nos da, se convierte dentro de nosotros en un manantial, en una fuente que mana hacia la vida eterna... «*Qué bien se yo la fuente que mana y corre, aunque es de noche*» dice san Juan de la Cruz. La fuente está dentro.

La vida mística, la vida de oración profunda consiste en encontrar la fuente. Por eso hay que ahondar en nuestro pozo y, cuando encuentro agua, ya está, no hay que moverse. Lo más bonito de la samaritana, esta mujer escéptica, que dudaba, que no se fiaba mucho de Jesús, es ahora, escuchándole y dialogando con Él, captando ese Espíritu que Jesús exhalaba, dice: «*Dame de esa agua*». Qué oración tan bonita: «*Que no tenga más sed*». Podéis estar un buen rato con esta oración. Entonces Jesús le recuerda: «si vives en pecado no puedes beber de esa agua, llama a tu marido...». «No tengo marido...». «En esto tienes razón tuviste cinco y el que tienes ahora no es tu marido...». A Jesús no podemos ocultarle la verdad, y el pecado nos dificulta la vibración profunda de esa agua de nuestra fuente interna.

---

17. En el origen, la fiesta de los Tabernáculos se celebraba para pedir el don de la lluvia. Después se historizó celebrando la estancia en tiendas de Israel en el desierto. Se leía esos días, en la liturgia, la escena del agua de la roca que hizo brotar Moisés (Ex 17,6).

Nicodemo (Jn 3). Jesús conversa con Nicodemo, un fariseo que le visitaba de noche por miedo a los judíos. Y le dice que hemos de nacer de lo alto, del Espíritu que es como el viento, que sopla donde quiere, oímos el rumor, pero no sabemos de dónde viene ni a donde va. Hay que estar atentos a su susurro para reconocerlo. Y después le dice Jesús aquella frase tan profunda: «*Tanto amó Dios al mundo que le dio su Hijo único... para que tengan vida eterna*».

Los discípulos de Juan (Jn 1,35), que siguen a Jesús y le preguntan: «*¿Dónde moras? ¿dónde está el lugar de tu presencia? Venid y lo veréis... y se quedaron con él todo el día*». ¿Os imagináis pasar todo un día en casa de Jesús? Hablando con Él, escuchándole, haciéndole preguntas... Pues de eso se trata, de gozar de la presencia de Jesús.

Ya tenéis el menú, ahora escoged. Os situáis con la imaginación en la escena, como si estuvierais allí, como si fuerais la samaritana o Nicodemo o uno de los discípulos. Y a intimar con Jesús.

126

¿Por qué matan a Jesús?

«Seis días antes de la pascua, vino Jesús a Betania, donde estaba Lázaro, el que había estado muerto, y a quien había resucitado de entre los muertos. Y le ofrecieron allí una cena; Marta servía, y Lázaro era uno de los que estaban sentados a la mesa con él. Entonces María tomó una libra de perfume de nardo puro, de mucho precio, y ungió los pies de Jesús, y los enjugó con sus cabellos; y la casa se llenó de la fragancia de aquel perfume»

Jn 12,1

¡Qué gesto tan bello el de María! Cuando hacemos un acto de verdadero amor, la casa se llena de perfume. Podría haberle puesto un poco de perfume y ya está. Pues no: derrama un frasco entero de nardo auténtico, carísimo. Es un exceso, el amor tiene algo de exceso. Cuando amamos de verdad, la casa se llena de buen olor. Cuando somos egoístas, ocurre lo contrario.

Podemos contemplar esta escena preciosa, sin prisas, metiéndonos dentro, poniéndonos en la piel de María, sintiendo cómo rompo el frasco, postrándome ante Jesús. Este exceso sintoniza con la manera de amar de Jesús, sin medida, exuberante, desborda la capacidad de comprensión de los demás (piensan que estamos locos). Notemos la mezquindad de Judas. Esta escena es el prólogo de la Pasión de Jesús en san Juan.

¿Por qué quieren matar a Jesús? Históricamente influyó el conflicto con el sábado, el hecho de saltarse las normas de pureza ritual, de ser libre ante las leyes encarcaradas de los judíos. También el gesto de indignación contra el negocio del Templo que se había convertido en casa de mercaderes. Y eso molesta mucho a los sumos sacerdotes y a los notables del Sanedrín. Comer con los pecadores también era un escándalo, y relativizar la ley, poniendo por delante el bien de la persona. Pero los evangelistas, sobre todo Juan, interpretan que a Jesús le mataron por decir que era Dios, por ponerse en el lugar de Dios: *«Tú que eres un hombre, te pones en el lugar de Dios»* (Jn 10,33).

El motivo profundo por el que matan a Jesús lo explica la carta primera de san Juan (1Jn 3): *«No seáis como Caín que mató a su hermano, ¿por qué lo mató? Porque sus obras eran buenas».* ¿Por qué mataron a Jesús? Porque sus obras eran buenas y como las nuestras son malas…

128

Las tinieblas no toleran la luz. Es lo del gran inquisidor de Dostoievski. En la novela *Los hermanos Karamazov* hay un capítulo titulado *El gran inquisidor*, con una escena situada en Sevilla en la época más oscura de la Iglesia, en la que traen a un hombre detenido delante del gran inquisidor, y este hombre es Jesús. En el interrogatorio el gran inquisidor le dice a Jesús: «¿A qué has venido? ¿Has venido a molestarnos?». El gran inquisidor y como él, buena parte de los hombres, dicen: «¿Has venido a molestarnos, a desmontarnos el poder religioso?». Jesús molesta a un determinado tipo de religiosidad endurecida, ideológica y por eso tienen que apartarle, porque es una luz que pone en evidencia sus oscuridades.

La sola presencia del justo, del santo, cuestiona nuestra vida. Es una luz que cuestiona nuestra oscuridad. Ante esto, hay dos posturas:

- La honesta, que dice: «Qué bueno es este hombre y yo no llego. Me gustaría ser como Él, pero no puedo».

- La inspirada por el diablo que dice: «Hay que quitarlo de en medio porque me pone nervioso, me cuestiona». No lo decimos así tan claro, sino que le tiramos encima cantidad de excusas y de justificaciones para anular su bondad y que quede tranquila mi oscuridad.

En el prólogo de san Juan tenemos un texto que desarrolla la idea de que las tinieblas no toleran la luz: *«La palabra era la luz verdadera que ilumina a todo hombre, vino a su casa y los suyos no la recibieron»* (Jn 1,11), porque las tinieblas no toleran la luz. Este es el drama de la vida humana, que la luz verdadera ha venido y nosotros, preferimos llenarla de vituperios y excusas para que no nos moleste.

En el libro de la Sabiduría tenemos un fragmento fantástico sobre este tema: *«Tendamos trampas al justo, porque nos molesta y se opone a nuestra manera de obrar; nos echa en cara las transgresiones a la Ley y nos reprocha las faltas contra la enseñanza recibida... Es un vivo reproche contra nuestra manera de pensar y su sola presencia nos resulta insoportable»* (Sab 2,12-14). Esta es la causa por la que matamos a Jesús: su sola presencia cuestiona nuestra inautenticidad, nuestro pecado, nuestro desorden y eso no lo soportamos y preferimos poner tierra encima de la luz.

Para vuestra oración, podéis escoger el pasaje del perfume que es bellísimo, precioso para prepararnos para la Pasión. Y luego os sugiero que cojáis la **subida a Jerusalén** del Evangelio de Marcos, que empieza con la confesión de Cesarea (Mc 8,27) y acaba en el capítulo 10,52 donde Jesús, a partir de los tres anuncios de la Pasión, hace toda una catequesis sobre las actitudes del discípulo: humildad, paciencia, mansedumbre.

La subida a Jerusalén es todo un itinerario muy bien elaborado teológicamente por san Marcos, en el que Jesús acompaña a sus discípulos en el camino hacia Jerusalén y les instruye en la vida cristiana madura, que pasa por la cruz.

Es bueno saber que, en el Evangelio de Marcos, la cruz no está al final, sino que planea ya desde el tercer capítulo (Mc 3,6). Cuando Jesús cura al hombre de la mano seca en sábado, los herodianos y los fariseos deciden matarle. Por tanto, la cruz, para Marcos, está presente en la vida de Jesús desde el inicio de su predicación.

Un poco más adelante, sus familiares no le comprenden, quieren llevárselo porque piensan que está loco y, un poco más allá, los propios apóstoles no entienden nada en la escena de la levadura de los fariseos, cuando están en la barca (Mc 8,14-21): *«Tenéis el corazón endurecido, tenéis ojos y no veis, tenéis oídos y no oís».* Así que toda la vida pública de Jesús, en el Evangelio de Marcos, está atravesada por la incomprensión. La cruz está presente desde el inicio.

Antes de iniciar el camino a Jerusalén, Jesús se encuentra con el ciego de Betsaida, al que le cuesta ver. Jesús le toca y ve a los hombres como árboles, y luego le vuelve a tocar y entonces ve; en Marcos, el ciego representa al discípulo. Antes de la subida a Jerusalén, el

131

discípulo está ciego, le cuesta ver; después de todo el itinerario de instrucción de Jesús sobre la pasión, y antes de entrar en Jerusalén, hay otro ciego, el de Jericó, el cual ve inmediatamente y le sigue por el camino.

La genialidad de san Marcos nos propone una contemplación extraordinaria de lo que es ser discípulo de Jesús y de cómo la instrucción de Jesús sobre la cruz, el servicio humilde, el ser pequeños... abre los ojos a la ceguera de los discípulos.

El capítulo 8 es el punto álgido del Evangelio. Hasta ahora Jesús ha predicado el Reino de Dios, pero poco a poco, va descubriendo que la forma de traer el Reino de Dios al mundo es a través del sufrimiento y de la cruz. Aquí, en Cesarea, Jesús pregunta a los discípulos: «*¿Quién dice la gente que soy yo?*», «*¿vosotros quién decís que soy yo?*». Y entonces Jesús «*comenzó a enseñarles que el Hijo del Hombre debía sufrir mucho y ser reprobado por los ancianos, los sumos sacerdotes y los escribas, ser matado y resucitar al tercer día*». Hablaba de esto abiertamente. Y Pedro, pensando hacerle un favor, le da lecciones a Jesús. También nosotros le damos lecciones a Jesús, le decimos lo que es sensato. Pero Jesús, serio, le dice: «*Ponte detrás de mí, Satanás, no froneas[18] como Dios, froneas como los hombres*». No tienes la vibración interna de Dios, vibras

---

18. Froneo es el verbo griego del texto original. Significa vibrar, sintonizar, tener los mismos criterios y pensamientos.

132

como los hombres, piensas a la manera humana..., ponte detrás de mí, sé discípulo.

El primer anuncio de la Pasión lo tenemos en **Marcos 8,34**. Llamando a la gente y a sus discípulos, Jesús les dijo: «Si alguno quiere venir en pos de mí, niéguese a sí mismo, posponga sus intereses y su egoísmo». Es otra manera de decir que sea diligente, servicial, que viva para los demás y no para sí mismo. *«Niéguese a sí mismo, tome su cruz y sígame. Quien quiera salvar su vida, la perderá, pero quien la pierda por mí y por el Evangelio, la salvará».* Entonces, dice la frase más práctica que he oído en mi vida: «¿De qué le sirve al hombre ganar el mundo si pierde su alma?» (8,36). Esta frase me ha perforado las entrañas desde joven, es genial, es práctica, es de un hombre realista. Si la vida no consiste solo en nacer y morir, sino que después de la muerte viene la vida verdadera, ¿de qué le sirve al hombre ganar aquí el mundo si pierde su vida verdadera? Oiga, sea práctico, ¿de qué le sirven sus tesoros si se va a morir? ¡Reúna tesoros en el cielo! Jesús no es un hombre de doctrina o un moralista, es un hombre práctico. ¿Le interesa a usted la vida eterna? Pues obre en consecuencia.

El segundo anuncio de la Pasión lo tenemos en **Marcos 9,30**. Jesús les dijo: *«El Hijo del hombre será entregado en manos de los hombres, lo matarán».* Entonces encontramos el mismo esquema. Llegaron a Cafarnaúm y una vez en casa les preguntaba: *¿De qué discutíais por el camino?* Fijaos que acaba de anunciar otra vez la Pasión y el sufrimiento, pero ellos no entendían lo que les decía y temían preguntarle. No entienden o no quieren entender. Entonces Jesús les pregunta: *«¿de qué discutíais por el camino mientras yo os explicaba el sufrimiento de la Pasión?»*. Ellos, callaron, porque por el camino habían discutido entre sí quien era el más importante. Entonces, se sentó –Jesús se sienta cuando va a dar una enseñanza importante– y dijo: *«Si uno quiere ser el primero, que sea el servidor de todos»*. Quien quiera ser el más importante, sea el último y el servidor de todos, y tomando un niño, el más pequeño de todos, el que no cuenta, le puso en medio, lo estrechó entre sus brazos, como señal de valoración, de ternura, de cariño hacia el que no vale nada, y dijo: *«El que reciba a un niño como este en mi nombre, a mí me recibe»*.

El tercer anuncio está en **Marcos 10,32**, donde Jesús vuelve a insistir en que se burlarán de Él, le escupirán, le azotarán…y se acercan a Él, Santiago y Juan, los hijos de Zebedeo y le dicen: *«Concédenos que nos sentemos en tu gloria uno a tu derecha y el otro a tu izquierda»*. Es como pedirle al presidente ser el primer ministro y el viceministro. ¡Y Jesús les está anunciando el drama de la Pasión! Hay una gran desproporción entre la gravedad del

134

momento y la frivolidad de la petición de los apóstoles. El drama de Jesús es: «¡Con la de problemas que tengo y estos discípulos míos solo se preocupan de quien va a ser el primer ministro...!». Esto pasa en todas las comunidades. Hay problemas gravísimos en la calle, personas que se drogan, que no llegan a final de mes, otros que viven sin techo... y nosotros estamos preocupados de si se pone un cirio o se ponen dos en el altar. Entonces Jesús les dice algo que, todos los que tenemos responsabilidad en la Iglesia deberíamos oír cada día: *«No sabéis lo que pedís, ¿podéis beber de la copa que he de beber?»*, ¿podéis compartir mi destino? Sí que podemos. *«Vais a poder, pero conceder a alguien el primer puesto, no depende de mí»*, y luego viene la gran frase: *«Sabéis que los que son tenidos como jefes de las naciones las dominan como señores absolutos, y los que ocupan cargos abusan de su autoridad. Pero no ha de ser así entre vosotros. Por el contrario, el que quiera ser el más importante, debe hacerse el servidor de todos, y el que quiera ser el primero, se hará esclavo de todos, como el Hijo del Hombre, que no ha venido a ser servido sino a servir y a dar su vida como rescate por todos»*.

En estos tres momentos encontramos el núcleo denso de la doctrina de Jesús. Tenéis aquí un buen menú: contemplar la escena del perfume, ver por qué matan a Jesús y esta instrucción tan profunda de Jesús en Marcos.

También podéis tomar la **conversación con Pilato (Jn 18,29)**, que es una escena impresionante: un hombre coronado de espinas, lacerado, cuando ya no hay ninguna duda del tipo de mesianismo que viene a traer, que se enfrenta con la autoridad imperial, con el poderoso, y quien vence es Jesús. Vence el vencido. *«¿Tú eres rey? ¿Esto lo dices por criterio propio o por lo que te han dicho otros de mí?»*. Pilato, desmontado, ya no sabe qué decir. Y, al final, le insiste y Jesús hace la gran confesión: *«Yo soy rey, para esto he venido, mi reino no es de este mundo, si fuese de este mundo, mis ángeles hubiesen hecho como hacen todos los reyes temporales. Yo soy rey y he venido a ser testigo de la verdad...»*. *«¿Y qué es la verdad?»* dice Pilato. Y Jesús calla... La verdad no se explica, se vive. Es una actitud, un acontecimiento. Jesús triunfa muriendo y vence al poderoso de este mundo que no sabe qué hacer ante Él.

¿Por qué muere Jesús?

«Nadie me quita la vida, soy yo quien la doy libremente»

Jn 10,18

En el capítulo anterior hemos meditado el pasaje de la mujer que unge los pies de Jesús, que simboliza perfectamente lo que significa la muerte y resurrección de Cristo. Así como aquel frasco roto por amor llena la casa de perfume, el cuerpo roto por amor de Cristo en la cruz llena el universo de su Espíritu Santo.

Este es el gran mensaje del misterio pascual: la cruz y la resurrección van juntas, son las dos caras de una misma realidad. El dolor y el gozo van juntos. Es lo que expresa de manera maravillosa la imagen del Cristo de Javier[19], que está con los ojos cerrados, muriéndose, y sonríe. En la máxima entrega se experimenta el mayor gozo. Esto

---

19. Situado en la entrada del castillo de san Francisco Javier, en Navarra.

lo experimentamos muchas veces en nuestras vidas, porque cuando amamos crucificadamente, experimentamos el gozo del cielo. Las mujeres, cuando dan a luz, en el parto, sufren un gran dolor, pero cuando le ponen al niño en el pecho, el gozo es tan grande que ya ni se acuerdan del dolor. El dolor y el gozo van juntos.

La Biblia habla de muchísimas maneras de la realidad del misterio pascual:

2Co 5. Al principio del capítulo 5 hay una imagen bellísima. Dice que *«en la medida que nos vamos consumiendo de amor, despojando de esta vestimenta, nos vamos revistiendo de resurrección».* Cuanto más me consumo de amor, dentro de mí más se ensancha la resurrección: *«un peso inmenso de gloria»* dice. Cuanto más amo, cuanto más me desgasto por amor, más crezco en vida por dentro. Y lo explica con la imagen de la tienda: cuanto más uno se despoja de su tienda, de esa vestidura que llevamos, más se va ensanchando dentro de nosotros la tienda de la vida eterna, la resurrección. O sea que el amor verdadero, el amor cristiano es tan paradójico que cuanto más se da más se tiene, cuanto más te consumes por amor, más te llenas.

Jn 12,24. La misma idea con otra imagen es la del grano de trigo. Si el grano de trigo cuando cae en tierra no muere, no da fruto; pero si muere da mucho fruto. En

138

Jesús, el momento de mayor abandono, de impotencia y de fracaso es el de máxima eficacia redentora, salvadora, vivificadora. Nunca es más eficaz la vida de Cristo que cuando parece absolutamente inútil. Es la paradoja del cristianismo. Por eso nuestros hermanos mayores, los ancianos, cuando oyen hablar de estas cosas, se llenan de gozo. En un mundo en que lo que cuenta es la eficacia, las personas mayores, que ya no pueden trabajar, parece que ya no sirven para nada. Pero no es cierto, lo que cuenta es consumirse por amor, gastarse. El ponerse enfermo, envejecer puede vivirse con sentido. Si uno vive su enfermedad con amor, puede exhalar a su alrededor el perfume del Espíritu Santo.

En la meditación anterior hablábamos de por qué matan a Jesús. Pero ahora vamos a acercarnos al Misterio desde el punto de vista de **¿por qué muere Jesús?** Porque como dice Él: *«Nadie me quita la vida, soy yo quien la doy libremente»* (Jn 10,18). El buen pastor es aquel que da la vida por sus ovejas, porque Dios no puede hacer otra cosa que amar y Dios, al encarnarse, ha amado desde el primer día. Éste es el núcleo de la Eucaristía: Cristo sigue entregándose ahora ya como Resucitado hasta la eternidad: *«Este es mi cuerpo que se entrega por vosotros»*. Cuando rezamos la plegaria eucarística, en el centro de la misa, decimos: «este es mi cuerpo entregado…, esta es mi sangre derramada». Cristo resucitado, que está

139

presente en la eucaristía, sigue entregándose como se entregó a lo largo de toda su vida, porque Cristo es el hombre pro-existente, existente para los demás.

En este sentido, la muerte es consecuencia de su vida. Cristo no ha hecho otra cosa en toda su vida que amar, que darse: *«Nadie me quita la vida, soy yo quien la doy libremente»*. Y esto es así porque desde el monte de los Olivos se ve la puerta donde salen los guardias a prenderle. Si Jesús hubiera querido huir, podía haberlo hecho perfectamente. Cristo afronta la muerte consciente de que esa es su misión: *«Para esto he venido»*. Esta lógica nos supera un poco, pero es la lógica del amor crucificado de Jesucristo.

Desde esta perspectiva os sugiero tres textos:

Flp 2,1-11, que habla de la kénosis, del vaciamiento interior de sí de Cristo en hacerse hombre y dejarse crucificar. Dice el texto: *«Tened los mismos sentimientos que tuvo Cristo»* y aquí se utiliza el mismo verbo que hemos citado antes con Pedro en Cesarea: *froneo.* Fronear es vibrar como Cristo, tener la vibración interna que tenía Cristo, pensamientos, sentimientos, criterios.

Jesucristo, que era de condición divina, no quiso aferrarse ávidamente a lo que era suyo, se desapropió. Cristo es alguien que vive desaferrado de sus derechos. Y fue así, de tal manera que los habitantes de Nazaret no notaron nada hasta que inició su vida pública, pues cuando empieza a hacer milagros sus paisanos dicen: «¿De dónde le viene esto? ¿No es éste el hijo de María y *del carpintero?*». Quiere decir que no habían notado nada especial durante treinta años; luego la encarnación es seria, es real. Y a continuación dice: «*Se despojó de sí mismo haciéndose semejante a los hombres y, apareciendo en su porte como hombre, se humilló a sí mismo, se abajó*». La humildad de Cristo es la *tapeinosin,* como María en el Magníficat. María es *tapeinós*; cuando el texto dice «*ha mirado la humillación de su esclava*», dice *tapeinosin,* que quiere decir baja, que se mantiene a ras de tierra. La tendencia normal de los humanos es elevarnos, enorgullecernos e inflarnos por encima de lo que somos; la tendencia de María y de Jesús es abajarse. Por eso el gesto de lavar los pies es profundamente revelador de la actitud de Jesús, Dios que se arrodilla ante nosotros para conmover nuestros corazones, así es la humildad de Dios.

Jn 13, el lavatorio de los pies. Este gesto tan profundo es el testamento de Jesús. Del capítulo 13 al 16 Jesús pronuncia un discurso de adiós, un testamento rico, profundo. Y, en un testamento, uno dice lo esencial. El lavatorio de los pies es el prólogo de este testamento. Jesús, a quien le gustaban los gestos proféticos –gestos significativos como el de la entrada en Jerusalén–, se levanta de la mesa, se quita el manto, se pone un delantal, como los

141

sirvientes, y pasa uno a uno a lavarles los pies a los suyos, también a Judas, sabiendo que le iba a traicionar. Y cuando llega a Pedro, ¿qué ocurre? Pues que no se deja lavar los pies, porque tiene una mentalidad pagana: *«¿Cómo tú, que eres el maestro, el más importante, me vas a lavar los pies a mí?».* El verdadero discípulo es el que se deja lavar los pies por Jesús.

En muchas comunidades religiosas, el día de Pascua, la priora lava los pies a sus hermanas. Es un signo precioso. El Jueves Santo el sacerdote, que actúa en lugar de Cristo, lava los pies a los miembros de la comunidad. Es un gesto bellísimo. En resumen: ése es el amor de Cristo, amor desde abajo, amor de siervo, amor humilde. Y, al final del texto, dice Jesús: *«Vosotros me llamáis el Maestro y el Señor, y decís bien porque lo soy»,* una humildad que no rechaza la verdad, *«pues si yo que soy el Maestro os he lavado los pies, vosotros, también debéis lavaros los pies unos a otros».* Eso es el amor fraterno, desde abajo, sirviendo humildemente. Y *«si lo hacéis, felices de vosotros»,* una bienaventuranza escondida en el evangelio de Juan. Y no olvidemos que en el inicio del texto se dice: *«Antes de la fiesta de la pascua».* Estamos en contexto pascual, en el contexto liberador de la cruz y resurrección del Señor, es el prólogo de la pasión.

1Pe 2,21 es un himno cristológico que se lee durante la Cuaresma, un canto a la mansedumbre de Jesús. Está

142

situado en el contexto de soportar las injurias. Si tienes un jefe que te maltrata, feliz de ti, porque recibir un castigo por algo que te mereces es correcto, pero recibir un castigo por algo que no te mereces y aceptarlo humildemente, eso agrada al Señor, dice san Pedro. Y luego, para dar razón de ello escribe: *«Porque Jesús también lo hizo así, cuando le pegaban no devolvía mal por mal, cuando le insultaban no respondía con amenazas, sino que soportaba pacientemente las injurias y la humillación. Sus heridas nos curaban».* En la oración *Anima Christi* se dice: «Entre tus heridas escóndeme», ¡qué bello!, que tu amor herido sea mi protección, sea mi consuelo, sea mi fuerza.

Adentraos en el texto sin prisa a contemplar, a dejaros impactar por las actitudes de Jesucristo en la Pasión, que son las que tuvo durante toda su vida, pero que en la Pasión llegan al extremo. Un icono os puede acompañar, y si no, buscaos un Cristo, y os abrazáis a Él, es una manera muy bonita de rezar. Una manera preciosa de rezar en Navidad es coger el niño en brazos, como Simeón, y quedarse ahí con los sentimientos que produce, y la emoción de tener al Señor, a Dios, en brazos en forma de niño. Con la cruz pasa igual. A san Bernardo y a san Francisco los pintan abrazando a Cristo en la Cruz, es un modo muy sencillo y profundo de rezar.

143

Dejaos acompañar, acariciar y sorprender, sobre todo acceded a asimilar esas actitudes de Jesucristo porque son las que dan la paz. Dios nos ha salvado a través de Cristo de esta manera. No será secundario que intentemos asimilar estas actitudes para experimentar la salvación, tener paz e irradiarla.

La pasión del Señor

«...Con sus heridas nos curaba...»

1Pe 2,24

La Carta a los Efesios (2,11) habla de dos pueblos: el de los paganos y el pueblo de Israel, y dice: «Vosotros, los paganos, estabais lejos, pero ahora la sangre de Cristo os ha acercado. Él es nuestra paz, el que de dos pueblos hizo uno». Cristo, a través de su sufrimiento y de su cruz, ha puesto paz en la humanidad y ha reconciliado a los que estaban peleados.

¿Cómo se pone paz en nuestras comunidades, en las familias? Sufriendo por amor, soportando las consecuencias de las culpas de los demás. Este es el gran mensaje de la Pasión de Jesucristo, el mensaje de su mansedumbre. No se pone paz amenazando, no se pone paz mandando. Él, el inocente, cargaba sobre sí las culpas de todos. No olvidemos que, desde la cruz, Jesús dice: *«Padre, perdónalos, porque no saben lo que hacen»* (Lc 23,34). Qué diferente es, cuando nos ofenden, decir: «No hay derecho» o «son unos impresentables...». O decir: «No saben lo que hacen». Cuando desactivamos nuestras interpretaciones de las agresiones, se desactivan los sentimientos heridos y el resentimiento y tenemos paz. Este es el gran mensaje de la Cruz que es la plenitud de la actitud de Jesús a lo largo de toda su vida.

Acordaos de Mateo 5, en el Sermón de la Montaña, cuando Jesús proclama: «*Se os dijo: "no matarás" pero Yo os digo: "si insultas a tu hermano ya lo estás matando". No devolváis las ofensas, si te pegan ofrece la otra mejilla, si te hacen caminar una milla, tú camina dos, si te quitan la túnica dales también el manto*». ¿Veis la lógica del perdón de Jesús? Así se pone paz. «*Y felices vosotros cuando os persigan por el hecho de ser justos, felices de vosotros cuando os persigan si actuáis bien,* dicen las Bienaventuranzas*, porque tenéis un tesoro en el cielo*».

Lo más increíble de esta manera de actuar de Jesús es que, si uno consigue actuar con mansedumbre y con paciencia, experimenta la paz del cielo en su corazón. La paz es el regalo de la mansedumbre, y la turbación y los nervios son el regalo del orgullo.

Por tanto, cuando Jesús nos recomienda tanto el amor a los enemigos, la mansedumbre, el no devolver las ofensas, o el no tener en cuenta las agresiones... nos lo dice

146

porque sabe que eso da paz y lo sabe por experiencia. No es un principio moral para ser mejores, es que éste es el camino que redunda en paz y reconciliación.

En el centro del Sermón de la Montaña, en el núcleo (Mt 5,45) se dice: *«Amad a vuestros enemigos, rogad por los que os ofenden. Así seréis como Dios porque Dios hace llover sobre justos e injustos y ama a buenos y malos»*. La imagen de Dios, la verdadera imagen de Dios es ésta: Aquel que ama a los enemigos. Jesús nos pide que amemos con amor ágape, no se nos pide que seamos amigos de nuestros enemigos, que esto es imposible, se nos pide que los amemos, es decir, que queramos su bien, que recemos por ellos, que no devolvamos las ofensas, que les respetemos. Esto es amar. Y san Francisco dice que *«ama verdaderamente a su enemigo el que no se duele de la injusticia que le hace»*[20], es decir, que no se queja interiormente de la ofensa, que no da rienda suelta al resentimiento.

Esta es la manera como Jesús pone paz en la humanidad, el gran mensaje de la Cruz.

Bueno, hoy dediquemos un buen rato a acompañar a Jesús y contemplar sus actitudes en la Pasión y pedirle que nos dejemos afectar por ellas.

---

20. En la admonición 9, *Francisco y Clara de Asís. Escritos,* Ed. Franciscanas Arantzazu 2019, p.138.

147

Textos para contemplar

- El **Salmo 22(21)** es el del Viernes Santo: «*Dios mío, Dios mío, ¿por qué me has abandonado?*». Cristo en la cruz también comparte la oscuridad, la duda, la angustia, la incertidumbre de tantos hombres y mujeres de este mundo. Santa Teresita al final de su vida se identificó hasta con la oscuridad de la no fe para compartir la angustia de los ateos. Eso es amar. Y no olvidéis que este salmo empieza mal, pero acaba bien. Cuando se cita un salmo con el primer versículo, se está presuponiendo el salmo entero, de manera que, si lo leéis, veréis que al final acaba bien, dando gracias a Dios por la salvación.

- Otro texto fundamental para hoy es **Isaías 53**, el Cántico del Siervo Sufriente, donde se compara a Jesús con un cordero llevado al matadero; la mansedumbre de un cordero al dejarse sacrificar se compara con la de Jesús en la Pasión.

- Y el texto de **1Pe 2,21** lo podéis repetir: «*Él que no cometió pecado ni tuvo nunca en los labios la perfidia, cuando le insultaban no respondía insultando, cuando le atormentaban no respondía con amenazas. Él mismo que, sobre el madero, cargó con nuestros pecados... con sus heridas nos curaba*». Todos íbamos como ovejas dispersas, pero

148

ahora Él nos ha vuelto a reunir. En el evangelio de Juan dirá Caifás: «Era necesario que uno muriese por todo el pueblo, para reunir a las ovejas dispersas del pueblo de Israel». Es muriendo por amor, con la mansedumbre de la cruz, como Jesús reúne a las ovejas dispersas. Como la madre en la familia que es la que sufre, que es la que aguanta, que es la que soporta. Siempre en los colectivos hay alguien que hace de núcleo, que procura la comunión, y lo hace amando crucificadamente.

Hoy es el día indicado para que contemplemos la **Pasión del Señor Jesús**. Estos textos os pueden servir como introducción, pero el plato fuerte del día, por supuesto, es la contemplación lenta, sin prisas, de la Pasión del Señor Jesús. Os cogéis Marcos o Mateo, el evangelista que queráis. Solo resaltar dos cosas:

– La primera es que la Pasión de Cristo esta puesta en ambiente pascual. Acordaos de ayer: «faltaban pocos días para la Pascua». Por tanto, Jesús es la nueva Pascua, el nuevo Cordero Pascual y esto quiere decir que la liberación de la esclavitud que empezó en Egipto, llega a la plenitud ahora con la liberación de todas nuestras esclavitudes. La mayor esclavitud es la violencia, es el pecado, es la muerte y Dios, a través de Jesús, la cura. Él es nuestro Cordero Pascual, el Cordero inmolado, que nos libera definitivamente.

149

– La segunda es que nosotros, en la Pasión, somos como aquellos personajes que acompañan a Jesús. A veces me identificaré con los grandes sacerdotes, a veces con Pedro, con María Magdalena. Todas nuestras actitudes están allí. Nadie puede substituir a Jesús, nadie de nosotros puede sufrir como Jesús. Lo único que podemos hacer es acompañarle, mirarle de lejos, negarle por miedo, sufrir sin poder hacer nada.

Nuestro papel en la cruz es el de las mujeres, el de Pedro, el de los personajes que rodean a Jesús y no pueden hacer nada. Lo que sí que pueden hacer, como el centurión, es reconocer: *«Este era el Hijo de Dios»* (Mt 27,54). Y lo que sí podemos hacer es darle gracias, alabarle, agradecerle todo lo que ha hecho por nosotros en la cruz. Pero solo Él puede llevar la cruz, todos los demás le abandonamos o le miramos de lejos.

Podemos ser como María Magdalena, como José de Arimatea que hacen lo poco que pueden, descender el cuerpo del cadalso y ofrecer un sepulcro nuevo, o como María que sube con piedad a ungir el cadáver de Jesús. Eso es lo que podemos hacer. Pero es Él quien cuelga del madero, solo Él. El papel de los cristianos es el agradecimiento a Cristo por el amor loco que nos ha regalado.

Resurrección – Espíritu Santo

El objetivo de toda vida cristiana es poseer el Espíritu Santo y dejar que nos transforme. En **Juan 20**, la aparición a los discípulos en el Cenáculo, se dice que estaban con las puertas cerradas por miedo a los judíos. Vino[21] Jesús, se hace presente, y lo primero que dice es: *«Paz a vosotros»*.

El primer síntoma de la presencia del Espíritu de Jesús en nosotros es que tenemos paz. Luego dice el texto: *«Los discípulos se alegraron de ver al Señor»*. La alegría es otro gran signo de la presencia del Resucitado.

El tercer elemento es el perdón. Jesús los envía a perdonar. Y Jesús Resucitado exhala su aliento sobre los discípulos que reciben el Espíritu Santo. Recordemos el texto de Génesis 2,7 donde Dios sopla sobre el rostro de Adán para darle un aliento de vida. Aquí Jesús, en la nueva creación del Resucitado, vuelve a soplar sobre sus

---

21. El verbo en griego expresa que el Resucitado, que «está viniendo» siempre (Ap 1,8), en ese momento viene, se hace presente.

apóstoles para que reciban la nueva vida de la resurrección, la vida del Espíritu Santo.

Este texto nos dice algo muy importante: El Espíritu lo da Jesús Resucitado, el Espíritu y Jesús van juntos y los signos de su presencia son, paz, alegría, perdón, y nos impulsa a salir de nosotros mismos y a comunicar el perdón de Dios.

El signo de la presencia del Espíritu es que no me quedo encerrado en mí mismo (Lc 4,16), sino que esta experiencia, si es verdadera, me saca de mí mismo, y me envía a alegrar, como María que, habiendo recibido el Espíritu, corre a visitar a su prima Isabel. La evangelización, la comunicación del gozo y el perdón de Dios es consustancial a la experiencia del Espíritu Santo.

Pero, no olvidemos que el Espíritu y Jesús van juntos. Es importante que el Espíritu no sea para nosotros, como en el Antiguo Testamento, solo una fuerza impersonal: viento, aliento, fuego o agua viva. El Espíritu Santo está presente a lo largo de toda la Historia de Salvación, desde la Creación, pero hasta Jesús no tiene rostro. El rostro del Espíritu es el de Jesús. En el Antiguo Testamento, el Espíritu se va haciendo cada vez más sutil, más delicado, como en la experiencia del profeta Elías en el Horeb (1Re 19). Pero es en Jesús donde captamos el rostro del Espíritu Santo. Jesús, cuando perdona los pecados, regala el Espíritu Santo; cuando cura, cuando se pone a la mesa, irradia su Espíritu. El Espíritu es la relación con Jesús. En el evangelio de Juan se traduce en un diálogo íntimo, contemplativo, con la Samaritana, con Nicodemo, con Pedro, con los apóstoles, con María Magdalena...

La manera normal de acceder al Espíritu de Jesús Resucitado es contemplar a Jesús en el Evangelio, en actitud de oración, poniéndome en el lugar de los personajes que se relacionan con Él.

Podemos tener una experiencia fulminante, como san Pablo, que nos hace caer al suelo, pero esto no es frecuente. El camino normal para que llegue el Espíritu Santo a nuestro corazón es la relación personal con Jesús, a través de su contemplación en el Evangelio.

Pero para hacerse apto en el discernimiento espiritual, existen unas condiciones. En la Carta a los **Romanos 12,1-2** se explica muy bien: *«Os exhorto, pues, hermanos, por la misericordia de Dios, a que os ofrezcáis como una víctima viva, santa, y agradable a Dios. Este sea vuestro culto espiritual».*

En primer lugar, el culto verdadero en el Nuevo Testamento es dar la vida. El culto en el Antiguo Testamento se concretaba en lo que se hacía en el Templo (sacrificios, oblaciones), en el Nuevo Testamento el culto se da en la calle, amando, sirviendo. Pero si no tenemos esa actitud oblativa de ofrecer nuestro ser, no podemos captar las ondas del Espíritu Santo.

En segundo lugar: *«No os amoldéis al mundo presente»*. Si tenemos criterios mundanos, no somos personas aptas para vibrar con el Espíritu Santo, porque los criterios del mundo ahogan la experiencia de Dios. El consumo, la dispersión, la frivolidad, el griterío…, todo esto, que está tan presente en nuestra cultura, ahoga la experiencia del Espíritu, como los cardos ahogan la Palabra sembrada en nuestro corazón (cf. Mt 13,22).

En tercer lugar: *«Dejaos transformar mediante la renovación de vuestros corazones, de forma que podáis reconocer, discernir...»*. El discernimiento espiritual pide transformarnos mediante la renovación de nuestro corazón. «Dame un corazón nuevo, para que yo pueda vibrar». Se necesita una transfiguración, una renovación del corazón para que yo pueda distinguir cuál es la voluntad de Dios: *«lo bueno, lo agradable a Él, lo perfecto (teleios)*[22]*»*, lo que nos lleva a la plenitud, lo que me lleva a la finalidad de mí mismo, lo que me realiza. Por lo tanto, renovar nuestro corazón para poder distinguir, sopesar, como sopesamos los melones (los buenos tienen un sonido, y los menos buenos tienen otro sonido). Esto es el discernimiento espiritual, sopesar mis mociones internas, la calidad de lo que he experimentado. Sopesar el sabor de la alegría, por ejemplo. Hay una alegría que es

---

22. Teleios hace referencia a finalidad, completitud, plenitud.

154

verdadera, que me deja paz; hay otra alegría, que puede ser intensa, pero que es efímera y luego me deja seco.

Discernir es el gran trabajo espiritual, para el cual hemos de renovar nuestra mente, nuestra sensibilidad. ¿Qué debemos sopesar? Cuál es la voluntad de Dios. Y la voluntad de Dios es lo bueno, lo agradable a Él y lo que me lleva a la plenitud. En este texto de Romanos 12 tenemos un manual de preparación al discernimiento espiritual de primera categoría.

Después, en **Gálatas 5,22** tenemos un texto precioso que nos habla del fruto del Espíritu Santo. Así como las obras de la carne las hago yo (Ga 5,19), el fruto del Espíritu es un DON.

Las obras de la carne son: fornicación, impureza, libertinaje, odios, discordias, celos, iras, rencillas, disensiones, envidias... En cambio, el fruto del Espíritu, ¡en singular! *es: amor, alegría, paz, paciencia, benignidad, afabilidad, bondad, fidelidad, mansedumbre, dominio de sí.*

Estos nueve aspectos del Espíritu son como las diversas caras de un diamante. El fruto del Espíritu aparece en una persona que ama, que está gozosa, que es mansa, que es benevolente, que se domina a sí misma. Y el dominio de sí es fruto del Espíritu, no de mi fuerza de voluntad. Es lo mismo que decir: cuando estoy lleno, ya nada me molesta ni me afecta. Cuando estoy vacío, no me controlo a mí mismo.

Este es un texto precioso para profundizar en los signos de la presencia del Espíritu en mi corazón. Amor (ágape), alegría y paz. Estos signos son inequívocos. Y luego paciencia, el amor es paciente, todo lo soporta (1Co 13). Es afable, dulce, benigno. Fidelidad, que viene de fe, de ser fiel, leal. Mansedumbre, como Cristo en la cruz, y aquí se puede leer también suavidad, *praeis,* es una palabra que se utiliza para nombrar a los mansos en las bienaventuranzas. Dulzura, suavidad, mansedumbre, son sinónimos: *«Venid a mí los que estáis cansados y agobiados y yo os haré reposar, porque yo soy tapeinós,* humilde, bajo *y praeis,* dulce, suave, manso».

Por tanto, dulzura, suavidad, mansedumbre, son signos evidentes de la presencia del Espíritu. Lo contrario es la rigidez, la dureza, la dejadez, la inflexibilidad.

Si leemos **1Corintios 13**, encontraremos el gran himno al amor. Nos explica cómo es el amor, el *agapé* cristiano. Pero lo más interesante es el criterio de discernimiento que nos da: Aunque yo haga las más grandes heroicidades, si no tengo amor, de nada me sirve (1Cor 13, 1-3).

El amor no es envidioso, no es jactancioso, no se engríe, no busca su interés, no se irrita. No toma en cuenta el mal. No se alegra de la injusticia, se alegra con la verdad. Todo lo excusa. Todo lo cree, todo lo espera, todo lo

156

soporta. La caridad no pasa nunca y el amor es más fuerte que la muerte. Cuando nos vayamos de este mundo nos llevaremos lo que hayamos amado y lo que hayamos sido amados. Y si no hemos amado mucho, luego tenemos el purgatorio para que el abrazo del Padre nos purifique. El amor es lo único verdadero, todo lo demás es hojarasca que se quemará con nuestro paso a la vida nueva. La muerte es como una puerta que tiene como unos surtidores con un chorro de fuego que quema todo lo impuro, todo lo que es falso y solo deja el amor. Como decía Olivier Clément: «Nosotros somos como un fuego en el que se ha ido poniendo ceniza encima y parece que no haya nada, pero debajo hay brasas. En la vida futura, a través de la muerte, es Dios quien soplará y apartará las cenizas y aparecerán las brasas». Lo importante son las brasas y no la apariencia.

El Espíritu también es fuego de amor. Por eso en Pentecostés (**Hechos 2**) la experiencia de la presencia del Espíritu es fuego, fuego de amor que nos envuelve y hace que nos entendamos las diversas culturas, los diversos idiomas. La Iglesia no es uniforme, monocolor, sino que es diversa, pero gracias a la presencia del Espíritu, nos entendemos con un mismo lenguaje, el del amor, a pesar de la diferencia de culturas y lenguas.

157

San Silvano del Monte Athos[23], un monje del siglo XIX que parece un padre del desierto, tiene un texto precioso sobre el Espíritu que te hace entrar en oración inmediatamente:

«Yo no había pedido al Señor que me concediera el Espíritu Santo: no sabía que el Espíritu Santo existe: no sabía cómo llega y lo que opera en el alma. Pero escribo con gozo sobre ello. Espíritu Santo, eres dulce a mi alma. No se te puede describir, pero el alma conoce tu llegada y Tú das la paz al espíritu y la dulzura al corazón.

El Señor ha dicho: "Aprended de mí la dulzura y la humildad y obtendréis el reposo de vuestras almas". El Señor dice esto del Espíritu Santo: no es sino en el Espíritu Santo donde el alma halla reposo perfecto.

Somos afortunados, cristianos ortodoxos, porque el Señor nos ama y nos otorga la gracia del Espíritu Santo; y en el Espíritu Santo, nos concede ver su Gloria. Pero para conservar la gracia, debemos amar a nuestros enemigos y dar gracias por todas las aflicciones».

La experiencia del Espíritu no se puede explicar, es algo imposible de describir, ya que solo el alma la conoce. La vida cristiana es una espera continua de que llegue el Espíritu y nos llene. La paz y el reposo vienen de la dulzura del Espíritu Santo. El gran criterio de discernimiento

---

23. ARCHIMANDRITA SOPHRONIO, *San Silouan el Athonita. Vida. Doctrina. Escritos.* Ed. Encuentro, Madrid 1996.

cristiano es el amor a nuestros enemigos y dar gracias por las aflicciones, según san Silvano.

San Francisco también insiste mucho en este aspecto. El amor a los enemigos, y no quejarse de las aflicciones y de las dificultades sino dar gracias, es la condición de la posesión del Espíritu. Según el *Poverello*, poseemos el Espíritu si: *oramos continuamente al Señor con corazón puro, tenemos humildad, paciencia en la persecución y en la enfermedad, y amamos a los que nos persiguen y reprenden y acusan* (2 Regla 10,9-10)[24].

Y luego san Silvano dice, en otro lugar, algo practiquísimo: *Por un solo pensamiento de orgullo el alma pierde la gracia del Espíritu Santo y las tinieblas lo envuelven, pero, asimismo, por un pensamiento de humildad la gracia torna de nuevo.*

Cuando poseo el Espíritu Santo, y me invade la dulzura de Dios, un solo pensamiento de orgullo o un pensamiento resentido contra mi hermano, se lleva la paz. Pero un solo pensamiento de humildad me la devuelve.

El cristiano es la persona que vive en el Espíritu Santo y de ahí la presencia de su dulzura, del gozo y de la paz. Y el que posee el Espíritu, como un perfume, lo reparte a manos llenas. Dice san Serafín de Sarov: *«Pon el Espíritu Santo en tu corazón y a tu alrededor se convertirán*

---

24. *Francisco y Clara de Asís. Escritos,* Ed. Franciscanas Arantzazu 2019, p. 203.

a millares». Este es el secreto de la evangelización, personas resucitadas, personas con el rostro lleno de paz, de dulzura que irradian su presencia.

El Espíritu nos viene de la relación personal con Jesús, al igual que con las personas que queremos, cuando dialogamos, se crea una intimidad, un intercambio, una comunión que es bellísima. No pasa el tiempo cuando tenemos una relación amistosa o amorosa bella, pues en esa relación que se establece entre dos personas que se quieren, se está comunicando el Espíritu Santo.

En Dios-Trinidad, de manera eminente, el Espíritu Santo es la relación de amor inefable entre el Padre y el Hijo, de mutua intimidad, de mutua interpenetración: «Tú estás en mí y yo estoy en ti» como dice san Juan.

La manera de acceder al Espíritu es relacionarnos personalmente con Jesús, como hace la Samaritana (Jn 4), los de Emaús (Lc 24), María Magdalena (Jn 20). O, por ejemplo, la conversación que tiene Pedro con Jesús (Jn 21): *«¿Pedro, me amas? Señor tú sabes que te amo».* Lo único que le pide Jesús a Pedro después de traicionarle es: ¿me amas? No le dice si se va a portar bien, o si le va a ser fiel. Solo le pregunta: ¿me amas?

Tomad una de estas escenas que ya hayáis experimentado, volved a contemplarla amorosamente y dejaos llenar por la palabra de Jesús, por su mirada, por sus gestos, que ahí está el Espíritu.

160

Y, si no sabéis qué meditar, leed Ap 3,20, el texto más bello del Nuevo Testamento: *«Mira, estoy a la puerta de tu corazón llamando, yo, Jesús resucitado, solo quiero entrar y cenar contigo. Si escuchas mi voz, entraré y cenaré contigo y tú conmigo».*

Epílogo

Contemplación para alcanzar amor

¿Cómo podría devolver al Señor
todo el bien que me ha hecho?

Sal 116,12

Este podría ser el lema de esta contemplación final. Volver a rememorar todo el bien que me ha hecho Dios en estos ejercicios y a lo largo de mi vida... y dar gracias. El cristiano es aquel que ha descubierto la inmensidad del amor sobreabundante de Dios sobre sí y, extasiado y agradecido por tal inmensidad de dones, alaba, canta y da gracias.

¿Cómo podría devolver al Señor todo el bien que me ha hecho?

Podríamos comenzar diciéndole al Señor: «Gracias por estos días de retiro, por lo que me has hecho sentir, por lo

163

que me has hecho ver, entender, por aquellos momentos únicos, por la soledad, por la dulzura, la quietud y la paz de algunos momentos, porque me pinchas allí donde hay algo impuro».

El primer elemento es, por tanto, rememorar, recordar, volver a pasar por el corazón las cosas que he sentido a lo largo de estos ejercicios... y dar gracias.

Luego podéis volver a darle gracias a Dios por la vida, por el existir (podríamos no existir). Darle gracias por mi ser, por mi manera de ser, por mis pensamientos, por mi manera de crear, por mis dones personales. Como dice el salmo 139: «*Te doy gracias, Señor, por haberme hecho tan admirable; es maravillosa tu obra*». Seguramente que ahora lo veis todo con unos ojos más claros que el primer día.

También podéis dar gracias por todas aquellas personas que han configurado vuestro ser: amigos, catequistas, religiosos, profesores, familiares… porque yo soy una infinidad de rostros con los cuales me relaciono. Y, además de dar gracias por mis dones personales, virtudes, carismas y mi forma de ser, puedo dar gracias al Señor por mis defectos, porque me ayudan a ser más humilde, más pequeño, más limitado. Si fuera perfecto nadie me aguantaría. Y los defectos son un camino fantástico de acercamiento al Señor, porque solo aquel a quien le falta algo, pide y nuestra salvación está en pedir.

164

Y por supuesto, dar gracias por la fe, por el don impagable de haber conocido a Jesucristo, pudiendo no haberle conocido. Si hubiera nacido en otra cultura, seguramente me hubiera perdido algo tan grande como conocer a Jesucristo. Gracias por todos aquellos que me lo han transmitido, que me han ayudado a crecer, que me han ayudado a rezar, a conocer a Jesús.

Gracias por mi vocación que Tú plantaste en mí desde el seno de mi madre, y por aquellos que la han acompañado, que me han sostenido en momentos difíciles y me han ayudado a madurar.

Y volvamos a dar gracias por la Creación, como hicimos el primer día, pero seguro que ahora os sale con mayor hondura, con mayor libertad, con mayor transparencia, porque la veis de otra manera. ¡Dad gracias por la Creación! ¡Es un regalo tan impagable, tan inmenso! Volved a contemplar el paisaje, otros paisajes que recordéis: el mar, la alta montaña, la nieve, el desierto…, gracias por el cielo estrellado, el viento, los árboles, los pajarillos, las mariposas, las puestas de sol...

Recordad el **salmo 8**: *«Señor, Dios nuestro, qué admirable es tu nombre por toda la tierra».*

Y el **salmo 19 (18)**: *«El cielo habla de la gloria de Dios, las estrellas proclaman las obras de tus manos».*

O el **Cántico de las Criaturas** de san Francisco: «Altísimo, Omnipotente, buen Señor... Laudato si mi signore, per frate sole... de ti lleva significación... ilumina, protege, calienta. Por la hermana luna, por las estrellas, por el agua, por la lluvia y todo tiempo... ¡todo tiempo! ...». Es una sinfonía de alabanza a Dios con las criaturas porque son hermanas, porque el hombre no es digno de nombrarle. También da gracias por aquellos que perdonan, y por aquellos que soportan con paciencia las aflicciones y las enfermedades, y da gracias, en último término, por la hermana muerte, ¡hermana! Cuando estamos reconciliados con todo, con la vida tal como es, aceptamos la desgracia, la limitación, la contradicción... y lo vivimos con sentido.

También podemos dar gracias por el «re-creador» que somos nosotros. Dios no solo ha creado la naturaleza, sino que ha hecho un «personajillo», hombre y mujer, parecido a Él, que tiene vocación de crear, de recrear la creación y de aquí, la belleza de las obras de arte, la música, la literatura, la pintura, la ciencia..., tantas cosas que ha hecho el hombre tan maravillosas, usando los dones que nos ha regalado Dios. Por tanto, démosle gracias por nuestra capacidad de crear, de inventar, de amar, de perdonar.

Gracias por la ternura, la cosa más bella que nos ha dado Dios, el movimiento de lo santo dentro de nosotros.

Y volved a dar gracias por la Revelación. Dios no solo nos ha regalado la Creación, sino que se ha querido dar a

166

conocer. Durante estos días lo habéis podido experimentar. Dios ha querido mostrarnos su Rostro, comunicarnos su interior y, desde Abrahán, Moisés, David, Rut, todos los profetas, la Sabiduría..., toda la Historia de la Salvación muestra la voluntad de Dios de revelarse, poco a poco, en lenguaje humano, a la medida de nuestra capacidad.

Dios se nos ha mostrado como plenitud en Jesucristo: plenitud de la Creación, plenitud de la Revelación y de la Salvación. Dad gracias por Jesucristo, por Él, por su Persona. Lo decimos en el prefacio de la misa: «Te damos gracias, Señor, por Jesucristo», por todo lo que nos ha enseñado, por su manera de amar, por lo que hemos contemplado estos días, por su predilección por los pequeños, por la forma gratuita de regalarse con sobreabundancia, por sentarse con nosotros en la mesa, por todo lo que se transparenta en el Evangelio, las Bienaventuranzas, el Sermón de la Montaña, por su manera de afrontar la Pasión, con paciencia infinita ante las ofensas, su amistad con los apóstoles, con María Magdalena, con los pequeños, con los niños… ¡Dad gracias! Nunca nos cansaremos de dar gracias por Jesucristo, por su manera de ocultar la divinidad, de renunciar a los privilegios, por su manera de revelarse en el pesebre, por su forma de vivir y por su forma de morir.

Y, en último término, podéis hacer una cosa muy bella que es dar gracias por las personas que nos han ayudado en la vida. Todos tenemos unas cuantas personas, pocas, pero significativas, sin las cuales no seríamos quienes somos ni estaríamos donde estamos: compañeros del colegio, sacerdotes, frailes, amigos, familiares... Traed a la memoria todas aquellas personas que nos han ayudado, en nuestros problemas personales, que nos han aconsejado, nos han acompañado, nos han escuchado.

Una contemplación sencilla pero densa: dad gracias al Señor por TODO.

Y, al final, podéis recitar al Señor aquella oración tan bonita: «Tomad, Señor, y recibid mi libertad..., Vos me lo diste a Vos lo torno»[25].

Este «tomad y recibid» es consecuencia de la acción de gracias. Nuestra respuesta en el seguimiento y en el don de la vida es precisamente eso: respuesta. Él nos ha amado primero y nos ha mostrado con su sobreabundancia de gracia hasta qué punto nos ama. La vida cristiana es respuesta, agradecimiento por todo el bien recibido.

_____

25. De san Ignacio en los Ejercicios Espirituales nº 234.

Anexos

Modos de orar

Para orar, Jesús solo te pide que te encierres en la soledad de tu cuarto, que estés solo, que no hagas ostentación, que no hables mucho, con muy poquito hay bastante. Nos enseña a rezar diciendo: «Padre nuestro». Y luego nos exhorta a la insistencia y la perseverancia, como aquella viuda pesada ante el juez injusto.

Jesús da muy pocos consejos de oración y eso no es secundario. En las librerías encontramos miles de libros de oración, cuando Jesús solo dijo tres cosas. En resumen, las enseñanzas de Jesús son muy sencillas: soledad, perseverancia, confianza y sinceridad. Al acabar el Padrenuestro en Mateo, dice: *«Si vosotros perdonáis a los hombres sus ofensas, vuestro Padre celestial os perdonará a vosotros; pero si no…».* Y es verdad, porque si no perdonamos a nuestros hermanos no podemos rezar. Si estoy violento o herido o le he dicho algo fuerte a mi hermano, me pongo a rezar y aparece mi hermano, y brota el resentimiento hacia él. Por tanto, el perdón de las ofensas es el prólogo de la oración.

La tradición cristiana ha descubierto, a base de rezar durante muchos años, cuatro modos de orar:

El primer modo es *la oración vocal*, oración repetitiva: con los salmos o las jaculatorias. Jesús las rezaba, son muy sencillas. Esta oración puede ser muy dulce. Puedo decir: «Señor Jesucristo, ten piedad de mí», al compás de la respiración. Acompañar nuestra oración con esta frase u otra al ritmo de la respiración es una forma muy sencilla y profunda de orar.

La segunda forma de oración, que es menos intensa, es *la lectura espiritual*, lectura lenta, atenta. Y cuando encuentro una frase que me llena, me paro y la voy repitiendo y saboreando.

La tercera forma de oración es *la meditación* de la Sagrada Escritura que es lo que básicamente hemos hecho estos días, lectura lenta del texto, compresión subrayando lo que me afecta y repetición interiorizando.

El cuarto modo de oración, más profunda, es *la contemplación*. Requiere una cierta imaginación y hacerme presente en la escena que estoy contemplando. Cuando ya tenemos purificado el corazón, la mirada limpia, hacemos un tipo de oración más profunda, que consiste en meterme dentro de la escena contemplada e imaginarme que estoy con los personajes: ¿qué les digo?, ¿qué me dicen?, ¿qué hacen? Como si presente me hallare, dice san Ignacio. Esta es la oración más profunda. Santa Clara lo explica muy bien en la 4ª Carta a Inés de Praga: «Mírate diariamente en este espejo (Jesucristo) y contempla en él continuamente tu rostro, para revestirte íntegramente, por dentro y por fuera, con variedad de adornos... Atiende, primero, la base de este espejo: la pobreza del Niño colocado en el pesebre y envuelto en pañales...»[26].

Básicamente, estas cuatro formas de oración se estructuran en la *Lectio Divina* que es la forma tradicional de rezar de los monjes y de toda la tradición espiritual cristiana que, afortunadamente, a partir del Concilio Vaticano II, se ha recuperado.

¿Qué es la *Lectio Divina*? Consiste en una lectura lenta y atenta del texto en ambiente de oración para comprender, en primer lugar, qué dice el texto, no qué me dice sino qué dice: esto es un primer elemento de honestidad. Lectura lenta para comprender lo que dice el texto, subrayando lo que me afecta, releyéndolo varias veces hasta comprenderlo.

El segundo momento es la *Meditatio*; es una rumia (de rumiar, como las vacas), una repetición amorosa de aquellos subrayados que a mí me han impresionado del texto. Y ya voy introduciendo aspectos de interpretación

---

26. Cuarta carta a Inés de Praga 19 en *Francisco y Clara de Asís. Escritos,* p. 253.

y compresión para mí. ¿Qué me dice el texto? ¿Cómo afecta a mi corazón? ¿Qué resonancias tiene en mí? Si me pincha, o es dulce y me da paz. Interviene el sentimiento, pero también la razón.

En tercer lugar, está la *Contemplatio* que implica no correr, quedarme con poquitos gestos o escenas de Jesús, meterme dentro del texto y situarme en el lugar y ser yo protagonista de las escenas contempladas... Yo soy la samaritana, o soy un pastorcillo en la cueva de Belén, entro, miro a los personajes, oigo lo que dicen, observo qué hago yo... Es una manera de rezar muy profunda, preciosa y que me afecta íntimamente. Enamorarme de las escenas contempladas es la forma de cambiar; la imaginación es el lugar del cambio y no el esfuerzo moral. Enamorarme de los gestos de Jesús y contemplarlos amorosamente, es la forma en que se encarna en mí la Palabra.

El último momento de la *Lectio* es la *Oratio*, un coloquio espontáneo movido por el Espíritu Santo a partir de lo que he contemplado, en el que ya no hay leyes, solo intimidad personal con el Señor.

Hay tres puntos que el cardenal Martini explica muy bien para entrar en la oración, para disponerse a orar. San Ignacio insiste en que es muy importante la entrada; el éxito o fracaso de la oración depende de mis actitudes de entrada.

El primer elemento, dice Martini, es rodear la entrada en la oración de una antecámara de silencio. Hacer silencio en mi corazón, respirar hondo, tranquilizarme, escuchar los sonidos de la naturaleza, sumergirme en la quietud, buscar sosiego sin prisa.

San Ignacio en los Ejercicios 239, cuando habla de los modos de orar, dice: *«Antes de entrar en la oración repose un poco el espíritu, ya sea asentándose o paseándose, considerando adónde voy y a qué»*, escogiendo qué textos voy a meditar y cómo voy a organizarlos. No se puede entrar a la oración solo con la espontaneidad.

El segundo elemento: adoración, actitud de descalzarse. Dios mío, «¿quién soy yo y quién eres Tú?», «Habla Señor, que tu siervo escucha». Esta oración se puede acompañar de un gesto de unción, ponerse de rodillas o de pie. Estoy ante Dios, por tanto, actitud de adoración. No se puede entrar en la oración con desgana, como los niños que entran corriendo en una Iglesia. ¿Qué pasa si entro de esa manera en la oración? Que soy incapaz de recogerme, de concentrarme.

Y el tercer elemento es la ofrenda. Mi oración es una ofrenda a Dios: le devuelvo a Dios el tiempo que me ha regalado. Él me ha regalado veinticuatro horas del día y yo le devuelvo una, la proporción es bastante significativa, porque le debería devolver las veinticuatro que son suyas. Por eso, exigir en la oración gustos y frutos es una desconsideración muy grande; la oración es un regalo que le hago a Dios para que Él haga lo que quiera con él y, si le dejáis, lo hará. No puedo ir a la oración buscando gustos, beneficios y sentirme bien. A veces, queremos que la oración sea un nido cuando es un acto gratuito de agradecimiento a Dios por todo lo que ha hecho por mí. Por tanto, entramos como una ofrenda, en obsequio: somos obsequio para Jesucristo. En la oración buscamos darnos a nosotros mismos y, esa actitud, si se tiene en la oración, se tendrá también en la vida. Porque la oración es un concentrado de mis actitudes en la vida; si no aguanto en la oración, no aguantaré a mi hermano en casa. Si no resisto el dolor en la oración, no aguantaré el sufrimiento en la vida. La oración es escuela de vida.

Discernimiento

Toda nuestra vida cristiana es vida en el Espíritu, pero ¿en qué espíritu? Ésta es la cuestión, yo puedo hacer cualquier gesto, como por ejemplo decir «Buenos días» con el Espíritu Santo o con cualquier otro espíritu, y eso se nota en la música: si mi «Buenos días» va con cariño o con mal tono. Consecuencia: cuando diga «Buenos días» con el Espíritu de Jesús, inmediatamente me quedaré lleno de paz, y cuando diga «Buenos días» de mala manera, reinará la inquietud en mi corazón. Esto es automático.

Por tanto, el primer principio de discernimiento espiritual son los «dejos», los sabores que me dejan mis actitudes, pensamientos, palabras, gestos. Todos ellos tienen consecuencias buenas o malas en mí. Todo esto, san Ignacio lo descubrió en Loyola, (capítulo 8 de su autobiografía) y es la clave de todos sus Ejercicios Espirituales. Él estaba herido, tumbado en cama, y pidió libros de caballería para entretenerse, pero en esa casa solo había libros píos: una *Vita Christi* y un libro de *Vidas de Santos*.

Entonces se puso a leer y se dio cuenta de que mientras recordaba las hazañas de sus novelas, seduciendo doncellas, ganando batallas. Sentía alegría, pero inmediatamente después quedaba seco y desganado. Y cuando traía a la memoria los gestos que había hecho san Francisco o santo Domingo, sentía alegría y después paz. Con el tiempo, recordando, entendió, y descubrió que aquí estaba el gran principio de discernimiento espiritual: que unos pensamientos le dejaban triste y seco y que otros le dejaban con paz, gozoso y alegre.

La experiencia de san Ignacio fue a través de sus pensamientos, pero también se puede aplicar a los actos. *«Por sus frutos los conoceréis»*, decía Jesús. Hay actos que me dejan bien y otros que me dejan mal. A san Francisco le daban mucho asco los leprosos, pero un buen día el Señor le condujo entre ellos, se venció a sí mismo, y les hizo misericordia, lavándoles y vendando sus heridas. Y dice en su testamento: *«Cuando me separaba de ellos, aquello que me era amargo se me convirtió en dulzura del alma y del cuerpo».* Por tanto, un gesto de misericordia puede convertirse en dulzura, es una experiencia mística dentro de un acto de amor.

El gran principio del discernimiento espiritual es saborear los sentimientos y «dejos» que me quedan después de mis actitudes o pensamientos. Lo importante es educar la sensibilidad para poder distinguir los sabores. San Ignacio

176

recomienda el examen diario que no es moral, sino el saboreo del gusto que me han dejado mis actitudes.

San Antonio abad, monje del siglo IV, en el número 35 de su biografía escrita por san Atanasio[27] habla del discernimiento espiritual, de lo que nos dejan los buenos y los malos espíritus. Primero dice san Atanasio que Antonio se retiró al desierto para vivir atento a sí mismo, atento a lo que ocurría dentro de sí. La persona cristiana profunda, vive atenta a sí misma y no distraída y se da cuenta de lo que ocurre dentro de ella cuando actúa bien, cuando actúa mal, cuando ama compasivamente o es llevada por el egoísmo. Capta lo que el Espíritu mueve dentro de ella.

El primer principio del discernimiento espiritual es vivir atento a lo que ocurre en mi interior para quedarme con lo bueno y para no repetir lo malo. Lo que me da desasosiego, turbación, eso no me interesa, lo que me da paz y alegría sí. Esto requiere un cierto entrenamiento, como tocar el violín o conducir bien.

Es fácil distinguir la presencia del buen Espíritu de la del malo, dice san Antonio. La presencia del buen Espíritu no es perturbadora, se presenta tranquilamente, con suavidad, como Elías en la montaña, nos da dulzura y quietud, al instante nace en el alma el gozo de una determinada calidad, el entusiasmo, el coraje. Los pensamientos

---

27. SAN ATANASIO, *Vida de san Antonio*, nº 35, Ed. Monte Casino 1981.

del alma se mantienen imperturbables, serenos. La paz es signo de la presencia del Espíritu, aquella calma estable, tan agradable y bonita que experimentamos durante los ejercicios. El orden, la claridad mental, también son signos de la presencia del Espíritu.

En cambio, la irrupción del mal espíritu es inquietante, nos produce nervios, inquietud, turbación, y se conoce por la confusión de pensamientos, enseguida nace el miedo en el alma. El miedo nunca es de Dios: *«No tengáis miedo»*, dice Jesús cuando entra en el cenáculo. El miedo, la agitación, el desorden de pensamientos, un abatimiento y aversión por la vida religiosa, aburrimiento, desgana, son síntomas claros de que estamos poseídos por el mal espíritu. Y, en este estado de desgana y tristeza, vienen los recuerdos de los familiares, de aquello que dejé... Si mi corazón está triste, vacío y desganado, pensaré que estaría mejor en otro lugar. Y luego también aparecen las fantasías mundanas, el miedo a la muerte ...

Cuando Dios irrumpe en mi vida, el corazón se me llena de dulzura, de suavidad y paz, en un ambiente de humildad y pequeñez. El orgullo, la vanidad, la prepotencia no son compatibles con el Espíritu del Señor, que siempre va acompañado de actitudes de humildad, de pequeñez y de verdad. El Espíritu Santo es Espíritu de verdad y de sano amor cristiano. Una manera de distinguir el Espíritu es que cuando amamos egoístamente, la persona sensible nota que algo no va bien, que algo chirría. Cuando amamos de verdad, oblativamente, buscando el bien del otro antes que el nuestro, el corazón vibra muy bien, porque mi amor sintoniza con el amor de Dios que es el Espíritu Santo.

A quien hace la experiencia de la dulzura del Espíritu Santo, ya no le interesan otras dulzuras. Cuando he experimentado la fascinación por Jesucristo ya no me interesan otros sabores, aunque sean buenos. La experiencia sabrosa del gozo del Espíritu Santo es la referencia para distinguir cualquier otro gozo, es como aquel que experimentando la ternura ya no le interesa la frivolidad sexual.

El gozo que da el Espíritu Santo no es entusiasta, está lleno de serenidad y de paz. Por otro lado, la ausencia de sentimiento, la aridez o el aburrimiento no están reñidos con la presencia y la acción del Espíritu Santo, sino que más bien son un grado de madurez. La ausencia de sentimiento y los momentos en que a veces anhelamos sentir en la oración, no son malos. El Espíritu, cuando somos jóvenes, nos da gustos para seducirnos y ganarnos para Dios, pero a la que crecemos, nos va dejando un poco más solos para que aprendamos la fidelidad de la fe, y vayamos a Dios por Él mismo y no por lo que nos da. Entonces, la oración se hace más sólida y más verdadera, pero no abunda en mociones sensibles. Es como la acción del sol que, aunque haya nubes, los rayos ultravioletas me siguen llegando. Aunque el sol esté oculto, no lo vea o no lo sienta, sus rayos me van transformando, por eso la oración consiste en estar delante de Jesús, sienta o no sienta nada.

El Espíritu ordena mis desórdenes afectivos, que es uno de los objetivos de los ejercicios. Y los ordena mediante la Palabra y el Espíritu que ordenan el caos, como vimos en el Génesis. Lo mismo ocurre en mi corazón: la Palabra, por el simple hecho de leerla, calma y ordena mi confusión.

Otro criterio: la irritación frecuente es signo del mal espíritu. El que se irrita denota que tiene una apropiación indebida de aquello por lo que se irrita, puede ser de mis derechos, de mi fama, de mis pertenencias. Por ejemplo: Si estoy apropiado de mis derechos y alguien pisa alguno de ellos saltaré irritado, «¡es una injusticia!». Si estoy apropiado de mi fama, de mi imagen y alguien la deforma con un comentario inadecuado, me enfadaré enseguida. Y si estoy libre de mi imagen, y me insultan, me dará igual. Si estoy libre de mis posesiones personales, si alguien me coge un libro, no me irritaré.

San Francisco decía: «Hay muchos que se pasan la vida con ayunos y austeridades, y parecen ser muy observantes, pero por una sola cosa que se les quite o por algo que se les diga que les parezca contrario a su dignidad, enseguida se irritan. ¡Estos no son pobres de espíritu!». Pero son muy observantes, muy austeros, hacen mucha oración (Admonición 14)[28].

---

28. *Escritos de san Francisco* p. 138

Francisco dice que el que es verdaderamente pobre de espíritu nunca se irrita y ama a los que le pegan en la mejilla, o sea, ama a los enemigos. Si no amo a mis enemigos no tengo el Espíritu Santo. Y sé que verdaderamente amo a mis enemigos cuando no me quejo de la injusticia que me hacen. Yo puedo no devolver la ofensa, pero si me quejo interiormente, no amo a mi enemigo, porque por dentro le devuelvo con la queja la ofensa que me ha hecho (Admonición 9)[29].

Otro criterio muy claro viene de Jesús: «Por sus frutos los conoceréis»: mira lo que hacen y sabrás qué piensan o qué sienten; miro yo lo que hago y sabré que espíritu tengo.

La oración verdadera se comprueba en la relación con las personas, con el ofrecimiento al trabajo duro, con la humildad, con la paciencia ante las ofensas… Por la vida diaria, decía santa Teresa. Si la persona que reza mucho es insoportable, no tiene el Espíritu Santo. Por los frutos que dé tu vida, así será la autenticidad de tu oración.

Reglas de discernimiento de san Ignacio

En el encabezamiento (EE 313) leemos: «Reglas para en alguna manera sentir y conocer las distintas mociones

---

29. Ibid. p. 137

que en el ánima se causan, las buenas para recibir y las malas para lanzar».

Recuperemos la idea de que el Espíritu no siempre me dará paz. Depende de cómo esté mi corazón, me dará paz o me pinchará. Esto san Ignacio lo matiza de una forma genial: dice que en las personas que van de pecado mortal en pecado mortal, poseídas por el narcisismo o el egoísmo, acostumbra comúnmente el enemigo a proponerles placeres aparentes (Adán y Eva y el fruto del árbol), haciendo imaginar deleitaciones y placeres sensuales, que te dejan peor si no te das cuenta y reflexionas (EE 314).

Si entre mis actos no hay un espacio para saborear, seré esclavo de mis caprichos, porque después de un placer viene el deseo de otro y el siguiente tiene que ser mayor, si no, no me sacia. El demonio actúa así en las personas que van de mal en peor. En ellas, el buen Espíritu actúa de modo contrario, «punzándoles y remordiéndoles por la sindéresis de la razón, por el sentido común». En las personas que van de mal en peor, el mal espíritu utiliza la sensualidad, porque la tienen impura, para sugerirles placeres mayores. Y el buen Espíritu utiliza la razón, que siempre está sana, para pinchar con el sentido común; o sea que el buen Espíritu no siempre da paz y dulzura, sino que pincha cuando mi vida va de mal en peor.

«En la persona que va de bien en mejor subiendo», que es la persona que va ordenando su vida, que mira de

182

trabajar por los demás, que hace oración, que lleva una vida sobria, una vida oblativa, es de modo contrario a lo que decíamos antes. Entonces es propio del mal espíritu morder, poner impedimento inquietando con falsas razones. Y como no puede usar mi sensualidad, porque está sana, va a usar mi razón para engañarme con falsas razones (EE 315).

Cuando san Ignacio empezaba a hacer ayunos, oración, y a vivir muy pobremente, el mal espíritu le hacía pensar que le iba a pasar como a aquel señor jorobado de Manresa e iba a perder la salud. Falsas razones para que abandonase los ayunos, la oración... Y esto ocurre como con el ciego de Jericó, que cuando empezó a suplicar, «los pajarracos» le intentan convencer de que no siga rezando (Mc 10,46). Cuando yo voy de bien en mejor, el mal espíritu va a intentar engañarme para que no siga así.

Santa Clara rezaba por la noche y lloraba lágrimas de amor y el demonio le hacía pensar: «Si sigues llorando de esa manera, el cerebro se te va a salir por la nariz». Si te lo crees, te espantas y dejas de rezar.

Cuando mi vida va bien, el buen Espíritu me va a dar ánimo, fuerza, consolaciones, lágrimas, inspiraciones, quietud, con el sentimiento porque lo tengo sano. Me va a dar gustos para seguir el buen camino emprendido.

La quinta regla no hay que olvidarla nunca, es tan importante que ha pasado a la tradición oral de la Iglesia:

«en tiempo de desolación nunca hacer mudanza». Porque al estar desolados tenemos el corazón triste y no vemos bien. Por tanto, en la desolación nunca se han de tomar decisiones, sino esperar a tener cierta paz (EE 318).

La novena también es muy profunda (EE 322), hay tres causas por las cuales nos hallamos en desolación:

«La primera por ser tibios, perezosos en nuestros ejercicios», por eso es importante, cuando estoy triste, examinar si entro bien en la oración, si cumplo el tiempo previsto, si hago la oración como se indica, y hago correctamente los ejercicios. Porque si no los hago correctamente, es normal que esté triste y sin sosiego.

«La segunda es por probarnos para cuanto somos y en cuanto nos alargamos en su servicio y alabanza», es decir, para hacernos madurar, «sin tanto estipendio de consolaciones». Cuando tengo aridez, cuando no siento nada, es para hacernos crecer. No toda desolación es mala, es para que no dependamos de lo que nos da Dios, sino que le amemos por lo que Él es.

«La tercera causa de desolación es para darnos conocimiento, para que internamente sintamos que no depende de nosotros traer devoción crecida», que no depende de nosotros la caricia del Espíritu Santo, que es gratis. Vamos a la oración como una ofrenda en la que le devolvemos el tiempo a Dios, porque todo el tiempo es de Dios. A veces, Dios nos da la desolación para que aprendamos a vivir en obsequio de Jesucristo[30]; nuestra vida cristiana es un obsequio por lo mucho que Dios ha hecho por nosotros.

El principio fundamental es saborear, por experiencia propia, el Espíritu Santo. Cuando he hecho experiencia de la dulzura, de la paz y del amor del Espíritu Santo, puedo comparar con las otras experiencias y siempre me parecerán inferiores. Y cuando ame con un poco de egoísmo, comparando con las veces que amé en el Espíritu Santo, enseguida captaré la diferencia.

El discernimiento es un arte delicado que se aprende con la experiencia.

---

30. Expresión de san Juan de la Cruz.

Bibliografía

Os sugiero algunos libros que pueden ayudar a la oración o al discernimiento espiritual. La lectura sosegada de un buen libro, parándome a meditar cuando el alma está llena, es un buen complemento para algún rato durante los ejercicios. Siempre recomiendo tomar un solo libro, preferentemente una relectura.

- JEAN LAFRANCE, *La oración del corazón,* Editorial Narcea 2006. Un pequeño gran libro que nos coloca enseguida en actitud orante. Parte de nuestro corazón como habitáculo del fuego del Espíritu Santo y de la oración como irrupción por sorpresa de la vida divina que llevamos dentro. Introduce en la oración continua, la Oración de Jesús del Peregrino Ruso y tiene muy presente la experiencia del monje Silvano del Monte Athos.

- ÉLOI LECLERC, *Sabiduría de un pobre*, Editorial Encuentro 2007. Es un pequeño tratado de vida espiritual, a partir de los últimos años de la vida de san Francisco de Asís. Una narración novelada pero muy imbuida de los escritos y de la vida del santo. Muy adecuado para descubrir nuestros propios engaños e ilusiones y captar la relación intrínseca que se da entre pobreza, autenticidad, vida fraterna y oración.

— *Relatos de un Peregrino Ruso*, Editorial Sígueme 2018. Un libro muy bonito que narra la búsqueda de la oración continua por parte del Peregrino, que encuentra a partir de la recitación repetitiva de la Oración de Jesús: «Señor, Jesucristo, ten piedad de mí que soy un pecador». A través de su viaje, el Peregrino nos introduce en la riqueza de la espiritualidad del oriente cristiano.

— H. NOUWEN, *El Regreso del Hijo Pródigo*, PPC 2015. A partir de un cuadro de Rembrant que representa el abrazo compasivo del Padre a su hijo que vuelve a casa, bajo la mirada severa del hijo mayor, el autor nos sitúa en la piel del hijo pequeño, en la del hijo mayor y en la del Padre, haciéndonos ver que todos tenemos etapas en nuestro itinerario en que nos identificamos con alguno de los tres.

— ROBERT FISHER, *El caballero de la armadura oxidada*, Ediciones Obelisco 2003. Un cuento situado en la Edad Media, con reyes, princesas, castillos y el mago Merlín. Narra, con mucha precisión, el itinerario de conversión del caballero que se había encerrado en su armadura de inautenticidad, a través del Camino de la Verdad, atravesando el Castillo del Silencio, el Castillo del Conocimiento y el Castillo de la Audacia. De forma amena y breve describe muy bien los diversos aspectos de la vida espiritual.

– JEAN LAFRANCE, *Dime una palabra*, Editorial san Pablo 1993. Inspirado en los discípulos de los Padres del Desierto que visitaban al maestro para pedirle una palabra o una orientación para la vida, este libro es una recopilación de consejos muy prácticos sobre la vida de oración, de un hombre que ha dedicado la vida a ayudar a rezar.

– JEAN LAPLACE, *Diez días de Ejercicios*, Sal Terrae 1987. Un libro parecido al nuestro que pretende dar orientaciones a quien quiere hacer unos días de ejercicios por su cuenta. Los capítulos son introducciones a la oración de cada día, con sugerencias de textos bíblicos y pautas para recoger los frutos de la oración. El autor se sitúa en la más pura tradición ignaciana.

Índice